실무에 바로 쓰는 ─────────

일잘러의 카피라이팅 입문

실무에 바로 쓰는
일잘러의 카피라이팅 입문

1판 1쇄 발행 2024년 10월 3일

지은이 우진
펴낸이 장성두
펴낸곳 주식회사 제이펍

출판신고 2009년 11월 10일 제406-2009-000087호
주소 경기도 파주시 회동길 159 3층 / **전화** 070-8201-9010 / **팩스** 02-6280-0405
홈페이지 www.jpub.kr / **투고** submit@jpub.kr / **독자문의** help@jpub.kr / **교재문의** textbook@jpub.kr

소통기획부 김정준, 이상복, 안수정, 박재인, 송영화, 김은미, 배인혜, 권유라, 나준섭
소통지원부 민지환, 이승환, 김정미, 서세원 / **디자인부** 이민숙, 최병찬

기획 및 진행, 교정·교열 배인혜 / **표지 및 내지 디자인** 다람쥐생활
용지 타라유통 / **인쇄** 해외정판사 / **제본** 일진제책사

ISBN 979-11-93926-57-4 (13320)
책값은 뒤표지에 있습니다.

제이펍은 여러분의 아이디어와 원고를 기다리고 있습니다. 책으로 펴내고자 하는 아이디어나 원고가 있는 분께서는
책의 간단한 개요와 차례, 구성과 지은이/옮긴이 약력 등을 메일(submit@jpub.kr)로 보내 주세요.

실무에 바로 쓰는 ────────

일잘러의

우진 지음

카피라이팅

입문

타이틀, 배너 광고, 썸네일, 카드뉴스, 홍보 문구의
카피 작성 가이드

Jpub
제이펍

머리말 • 008

이 책의 구성 • 009

이 책을 활용하는 법 • 010

카피를 처음 쓰는 분은 이런 질문을 많이 합니다 • 011

카피는 글쓰기가 아니다 • 013

제가 쓰고 있는 게 카피라고요? • 014

카피라이팅에 대한 오해와 진실 • 022

그림이 그려지는 카피는 잘 들린다 • 027

비주얼이 그려지면 각인된다 • 030

내 이야기로 들리면 더 귀 기울인다 • 036

[쉬어가기] 왜 그림이 그려지는 카피는 더 잘 들릴까요? • 040

무엇을 쓰든 도움되는 라이팅 수칙 • 041

공식은 그만! 수칙을 이해하자 • 042

첫 번째 수칙, 정보의 차이를 인식하라 • 046 PRACTICE

두 번째 수칙, 구체적으로 말하라 • 051 PRACTICE

세 번째 수칙, '쓰면' 들리지 않는다 • 057 PRACTICE

카피라이팅은 배달이다 • 065

카피를 쓰기 전에 광고 메시지부터 정한다 • 066

광고 메시지를 맛있게 만드는 방법 • 071

끝난 배달도 다시 보자! 거꾸로 보는 카피 • 076 PRACTICE

그림으로 쓴 카피는 잘 들린다 • 087

카피를 쓸 때 그림이 왜 필요한가요? • 088

비주얼 라이팅 이해하기 • 094 PRACTICE

비주얼 라이팅 실전 연습 • 100 PRACTICE

뻔하지 않으려면 경험을 써라 • 111

경험만큼 생생한 그림은 없다 • 112

내 안의 아이디어, 왜 나는 안 보일까? • 116

아는 것과 경험한 것을 구별하라 • 122 PRACTICE

카피의 볼륨을 높여줄 마이크 활용법 • 135

아이디어에 마이크를 갖다 대면 카피가 됩니다 • 136
마이크를 누구에게 줄지 고민한다 • 140 `PRACTICE`
말하듯이 카피를 써 봅시다 • 148 `PRACTICE`
마이크를 적당한 타이밍에 내려놓을 줄도 알아야 한다 • 152
`PRACTICE`

내일 바로 써먹는 카피라이팅 기법 • 157

실무에 바로 쓰는 카피 잽 전략 • 158
패러디 카피: 금쪽 같은 내 카피를 살리는 솔루션 • 160
추리소설 카피: 후킹하는 카피 쓰기 • 168
AI 카피라이팅: 카피를 쓰는 새로운 방식 • 173

맺음말 • 183
7일 완성 진도표 • 184

자기 계발이 열풍이라고 합니다. 실제로 많은 사람이 바쁜 하루를 쪼개서 무언가를 배우고 익히고 있습니다. 이런 모습을 보고 과열된 경쟁 사회의 결과물이라고 말하기도 합니다. 하지만 그 배움의 과정을 자세히 살펴보면 꼭 그렇게만 볼 수는 없습니다.

주입식 교육에 익숙했던 학창 시절이 끝나고, 사회에 나와서 배우는 것은 모두 '자발적 배움'입니다. 그렇게 스스로 배움을 시작하고 끝내 본 사람은 진정한 배움의 기쁨을 알게 됩니다. 마치 운동을 마치고 나왔을 때 느끼는 개운한 성취감과 비슷합니다.

그 성취감은 또 다른 배움으로 이어집니다. 업무 능력이 향상되고, 더 좋은 기회가 생기는 것은 그다음에 자연스럽게 따라옵니다. 설령 커리어 향상만을 위해 배움을 시작했더라도 그 과정에서 느끼는 성취감은 크게 달라지지 않습니다.

여러분이 이 책을 펼친 순간부터는 어떤 목적으로 배움을 시작했는지 중요하지 않습니다. 우리는 새로운 것을 배우고 내 것으로 만드는 과정에서 성취감을 느끼고, 또 하나의 스킬을 갖게 될 것입니다. 저도 그 과정 동안 충실한 조력자로서 함께 하도록 하겠습니다.

이 책이 나올 수 있도록 큰 도움을 주신 제이펍 출판사와 배인혜 편집자님께 감사의 말씀을 드립니다. 집필 기간 동안 항상 큰 용기를 준 사랑하는 가족과 아내에게도 고마움을 전합니다.

이 책은 업무 중에 쓰는 카피로 고민하는 독자의 눈높이를 고려하여 구성했
습니다. 반드시 알아야 할 카피라이팅의 기본적인 개념을 쉽게 이해할 수 있
습니다.

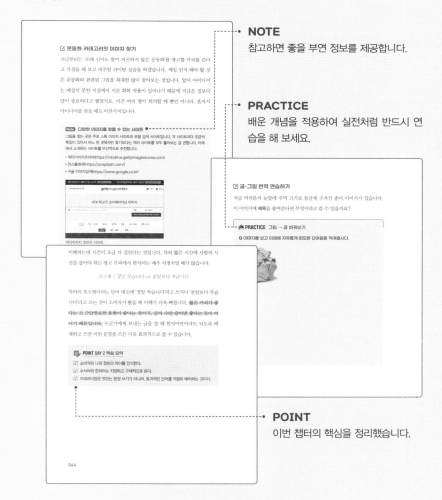

NOTE
참고하면 좋을 부연 정보를 제공합니다.

PRACTICE
배운 개념을 적용하여 실전처럼 반드시 연
습을 해 보세요.

POINT
이번 챕터의 핵심을 정리했습니다.

- Day 1부터 순서대로 읽는 것을 권장하지만, 당장 업무에 활용해야 할 내용이 있거나 호기심이 생기는 챕터가 있다면 그 부분부터 읽어도 괜찮습니다.

- 책에 수록된 카피 실습은 꼭 직접 연습해 보아야 실력이 오릅니다. 스마트폰, 태블릿PC, 노트북, 종이 필기구 등 어떤 것이든 필기를 할 수 있는 도구를 꼭 준비합시다.

- 한 번에 완성되는 카피는 없습니다. 카피를 쓰는 동안 생각해 낸 사소한 키워드부터 미완성 카피까지 모든 아이디어는 하나의 문서로 모아 두세요. 나중에 다시 수정하여 완성하거나, 새로운 아이디어의 힌트로 활용할 수 있습니다.

- 따로 시간을 내어 카피를 직접 써 보고 꾸준히 연습하는 게 부담스럽다면, 일상에서 마주하는 광고 카피를 살펴보는 것도 도움이 됩니다. 이 책에서 소개하는 개념을 활용하여, 여러분의 시선으로 직접 카피를 분석해 보세요.

- 카피를 쓰는 방법은 한 가지가 아닙니다. 하나의 카피를 쓰더라도 책에서 배운 여러 방법을 모두 적용해 보는 게 훨씬 더 효과적입니다. 그물망을 많이 던질수록 물고기가 잡힐 확률이 높아진다는 것을 잊지 맙시다.

Q 매일 업무에서 무작정 카피를 쓰고 있어요. 카피는 어떻게 공부해야 하나요?

회사마다 업무 상황이나 프로세스가 조금씩 다르지만, 일반적으로 회사에서 카피를 작성하게 되는 업무의 흐름은 아래와 같습니다. 아래 표를 하나의 예시로 참고하여 전체적인 흐름을 파악하고, 자신의 업무 상황에 우리 책의 내용을 어떻게 활용할지 고민해 봅시다.

광고 매체 체크하기

SNS채널, 유튜브 썸네일, 카드뉴스, 포스터, 상세 페이지 등 어떤 매체에서 활용할 카피인지 체크합니다. 자주 교체되고 시의성이 높은 매체는 전략도 달라집니다.

관련 페이지 067쪽

타깃 정하기

우리 제품(또는 서비스)을 구매할 소비자가 누구인지 핵심 타깃을 정합니다. 내가 쓴 카피로 누구에게 말을 걸지 생각해 보면 타깃 정하기가 더욱 쉬워집니다.

관련 페이지 072쪽

광고 메시지 결정하기

내가 정한 타깃에게 우리 제품(서비스)에 대해 어떤 이야기를 해 줄지 정합니다. 광고할 제품(서비스)을 잘 알고 있더라도 광고할 메시지는 꼭 따로 정해야 합니다.

관련 페이지 066쪽

카피 작성하기

라이팅 3수칙과 마이크 활용법을 고려하며 카피를 작성합니다.

관련 페이지 045쪽, 137쪽

Q 글쓰기나 아이디어에 자신이 없어도 카피를 잘 쓸 수 있을까요?

글을 잘 쓰고, 아이디어가 좋은 사람이 카피라이팅을 조금 더 빨리 습득할 수 있는 건 맞습니다. 하지만 카피라이팅은 스킬에 기반한 영역이기에 일정한 방법론이 존재합니다. 그 스킬과 방법을 이해하고 연습하면 사람마다 시간 차이는 있겠지만, 누구든 카피라이팅을 잘할 수 있습니다.

Q 자꾸 어디서 본 듯한 카피를 쓰게 됩니다. 해결할 방법이 없을까요?

새로운 아이디어는 같은 것을 다르게 볼 때 생겨납니다. 이 책에서는 나만의 시각으로 카피를 쓰는 두 가지 방법을 소개합니다. 바로 '그림으로 카피 쓰기(Day 4)'와 '경험으로 카피 쓰기(Day 5)' 입니다. 본문 내용을 잘 숙지하고 실습까지 직접 해 보면 이전보다 훨씬 더 날카롭고 신선한 카피 쓸 수 있을 겁니다.

Q 바쁜 업무 중에 급하게 카피를 쓸 때가 많은데 좋은 방법이 있을까요?

카피를 빠르게 써야 한다면 '패러디 카피 작법(Day 7)'을 추천합니다. 기존에 있던 원본 카피의 문장구조를 활용하기에 빠르게 쓸 수 있고 퀄리티도 보장되기 때문이죠. 평소에 패러디할 제목이나 문장들을 조금씩 모아 놓으면 카피 쓰는 시간을 더욱 단축시킬 수 있습니다.

Q 사람들의 시선을 '후킹'하는 카피를 쓰고 싶어요.

후킹하는 카피를 쓰려면 '추리소설 카피 작법(Day 7)'을 추천합니다. 사람들은 익숙한 것에 낯선 공백이 생기면 마치 탐정이 된 것처럼 강한 호기심을 느낍니다. 특히 유튜브 썸네일이나 카드뉴스처럼 뒤 내용을 보게끔 유도해야 카피에 효과적인 카피 작성법입니다.

카피는
글쓰기가
아니다

제가 쓰고 있는 게 카피라고요?

✍ 글쓰기가 힘들다면 이것이 원인이다

업무를 할 때 고작 **카피** 한 줄을 쓰는 게 왜 이렇게 어려울까요? 카피를 쓰다가 업무 시간이 훌쩍 지나가거나, 완성된 카피가 맘에 들지 않을 때도 많습니다. 카피라이팅 강의를 하다 보면 다양한 분야에 종사하는 수강생분들을 만나게 됩니다. 대부분은 **홍보, 마케팅**과 직접적으로 관련이 있는 분이지만, 가끔은 어떤 이유로 카피 강의를 듣게 되었는지 호기심이 드는 분도 있습니다.

그중에서 기억에 남는 건 보험 회사 상품 기획팀에서 근무하는 분들이었습니다. 같은 팀에 소속된 두 분이 함께 수강을 하셨는데, 종강 후에 마침 대화를 나눌 기회가 생겨서 어쩌다 수강하게 되었는지 물어보았지요. 얘기를 들어보니 보험 상품을 기획하고 만드는 과정에서 종종 겪는 어려움이 **상품명**을 짓는 것이라고 하셨습니다. 우리는 보통 보험 상품의 보장 내용이나 보험금만 중요하다고 생각하지만, 실제로는 **보험명**도 상품 판매에 많은 영향을 끼친다고 하더군요. 그래서 매번 보험명을 지을 때마다 답답함을 느꼈고, 카피라이팅 강의를 들으면 조금은 도움되지 않을까 해서 수강을 하셨다고 합니다.

비슷한 경우로 문화센터에서 강좌를 기획하는 분이 수강하셨던 적이 있었습니다. 새로운 강좌를 기획하는 것과 강좌 제목을 짓는 일이 늘 어려워서 수강을 하셨다고 했지요. 또 어떤 수강생 분은 대형 마트의 모바일 앱을 관리하는 마케터였는데 매주, 매월 새로 만들어서 올려야 하는 이벤트 배너의 카피 때문에 수강했다고 합니다.

이렇듯 생각보다 많은 분들이 업무에서 **글쓰기**를 고민하고 있습니다. 앞서 말씀드린 사례 말고도 기획서를 작성할 때나 SNS 채널 또는 유튜브 콘텐츠에 들어가는 글을 쓸 때, 각종 프로모션 타이틀을 쓸 때도 비슷한 어려움을 겪고 있습니다. 특히 기획 업무를 맡은 분들은 기획과 더불어 카피와 타이틀까지 모두 써야 할 때 가장 힘들지요.

이처럼 기획자를 포함한 대부분 직장인들은 사실 글을 쓰는 것이 주 업무가 아니기에 일단 내가 쓸 수 있는 정도로만 쓰게 됩니다. 그런데 실제로 써 보면 고작 한 줄을 적는 것도 절대 쉬운 일이 아님을 느낍니다. 너무 길게 쓴 건 아닌지, 너무 뻔한 내용이 아닌지, 주제를 제대로 담고 있는지, 표현이 유치한 건 아닌지, 과연 사람들의 시선을 끌 수 있을지 등등 떠오르는 고민이 한두 개가 아닙니다.

그렇게 힘든 과정을 거쳐 완성을 해도 상대방이 내가 **의도**한 대로 이해할 것인지도 의문입니다. 내가 의도한 것과 정반대로 이해할 수도 있고, 중요한 부분을 놓쳐 버릴 수도 있지요. 만약 상품 구매 또는 특정한 행동을 유도하는 것처럼 **목적**이 분명한 글이라면 더욱 어려워집니다. 이런 일이 반복되다 보면 글을 쓰는 데 자신감을 잃어버리고 나중에는 아예 회피하거나 포기하는 경우도 생깁니다.

✍️ 알리는 글은 다르게 써야 한다

업무 중에 쓰는 글들의 공통점은 '누군가에게 알리는 글'이라는 사실입니다. 조금 더 구체적으로 생각해 보면 누군가에게 설명하고, 설득해야 하는 글이 대부분입니다. 많은 직장인들이 글쓰기에 어려움을 느끼는 이유도 이것에 있습니다. 글쓰기 자체가 어려운 게 아니라 바로 누군가에게 알리는 글을 쓰는 게 어려운 것입니다. 반대로 내가 보려고 작성하는 문서나 업무 일지, 다이어리 혹은 업무용 메신저의 간단한 채팅 등은 큰 어려움 없이 쓰지요.

누군가에게 설명하고, 설득하는 글은 일반적인 글쓰기와는 조금 다르게 접근해야 합니다. 보통 글을 잘 쓴다는 것은 어떤 주제에 대해 나의 생각과 느낌을 잘 표현하는 것을 뜻하지만, '누군가에게 알리는 글'을 잘 쓴다는 것은 상대방이 잘 알아듣고 설득이 되었는지가 포인트입니다. 그래서 문장을 유려하게 쓴다고 해서 누군가에게 알리는 글도 잘 쓴다는 보장은 없고, 글쓰기에 자신이 없어도 누군가에게 알리는 글은 잘 쓸 수도 있습니다.

상대방에게 알리고 설득하는 글을 쓰는 방법은 따로 있고, 광고 제작에서 쓰는 **카피라이팅**은 그중에서 가장 대표적인 스킬입니다. 누군가에게 보내는 글쓰기는 철저히 스킬로써 접근해야 하고, 그 스킬을 배우고 익히면 누구나 효과적인 글을 쓸 수 있습니다.

이 책에서는 업무 중에 활용할 수 있는 카피라이팅 기법을 쉽게 설명하고, 여러분이 카피라이터가 아니라도 기본적인 카피를 쓸 수 있는 방법을 알려드리려고 합니다. 저마다 개념을 이해하고 실제로 업무에 적용하기까지 약간의 시간 차이는 있겠지만 설명된 방법을 차근차근 따라 하다 보면 카피를 쓰는 방법을 조금씩 터득해 가는 자신을 발견할 수 있을 겁니다.

☑ 광고의 시작은 고백이다

왜 누군가에게 알리는 글 한 줄이 쓰기 어려운지 알기 위해서 먼저 광고의 역사를 간단하게 살펴볼 필요가 있습니다. **광고**廣告의 사전적 뜻은 말 그대로 '세상에 널리 알리는 일'입니다. 시대를 막론하고 사람들이 모여서 살면 알려야 할 것들이 많이 생겨나지요. 조선 시대를 다룬 사극을 보면 **방**榜이라 불리는 벽보에 알릴 것들을 적어서 사람들이 많이 모이는 곳에 붙이는 장면이 나오기도 합니다. 그 당시엔 '방'이 광고매체 역할을 했던 것이지요. 이처럼 대중매체가 발전하기 이전부터도 **광고**는 그 나름의 모습으로 존재했었습니다.

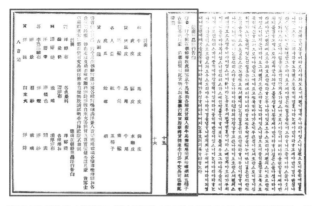

우리나라 최초의 상업광고 《한성주보》 1886년 2월 22일자 세창양행 광고문

알릴 것은 이번 저희 세창양행이 조선에서 개업하여 호랑이, 수달피, (중략) 옛 동전 등 여러 물건을 사들이고 있습니다. 손님과 상점 주인들이 가지고 있는 이러한 물건은 그 수량이 많고 적음을 막론하고 모두 사들이고 있으니 이러한 물건을 가지고 저희 세창양행에 와서 공평하게 교역하시기를 바랍니다. (중략) 소매상이든 도매상이든 시세에 따라 교역할 것입니다. 아이나 노인이 온다 해도 속이지 않을 것입니다. 바라건대 저희 세창양행의 상표를 확인하시면 거의 잘못이 없을 것입니다.

– 세창양행 광고 중에서

우리나라 최초의 상업광고라고 알려진 《한성주보》의 1886년 2월 22일자 광고를 살펴보면 오늘날의 광고 내용과 크게 다르지 않다는 것을 알 수 있습니다. 새롭게 개업한 점포를 소개하고 어떤 상품들을 취급하는지 설명하면서 자신들의 상표를 믿고 거래하라는 브랜딩 메시지도 함께 말하고 있습니다. 지금의 광고와 다른 점은 문장이 길고 어려워서 눈에 잘 안 들어온다는 점 정도입니다. 이때는 광고 문구나 카피라는 개념이 없었지요. 다소 문장이 길어지고 내용이 복잡하더라도 알리고 싶은 내용을 잘 정리하여 쓰면 되었습니다.

실제 그 당시엔 광고라는 말 대신에 **고백**告白이라고 말했다고 합니다.《한성주보》의 최초 광고 제목도〈덕상세창양행고백德商世昌洋行告白〉이라고 써 있지요(독일회사 세창양행의 광고라는 뜻입니다). 마치 고백을 하듯이 길고 자세히 써도 되는 이유는 광고 자체가 많지 않았기 때문입니다. 광고를 낼 수 있는 점포도 한정되어 있고, 그 광고를 보는 사람도 정해져 있었지요. 번뜩이는 아이디어나 멋진 카피가 없어도 당시 소비자들은 모두 그 광고를 읽어 주었기에 그렇게 쓰더라도 큰 지장이 없었습니다.

그러나 시대가 변하면서 광고도 그 모습을 바꿔야만 했습니다. 자본주의 시장과 대중매체가 발전하면서 사람들이 접하는 광고와 콘텐츠의 양이 폭발적으로 증가했습니다. 사람들이 하루 동안 너무 많은 콘텐츠와 메시지에 노출되다 보니 대부분의 메시지는 아예 관심을 못 끌거나 잊혔습니다. 그렇기에 기업들은 서로 앞다투어 소비자의 마음을 잡으려 경쟁해야 했지요. 예전처럼 알리고 싶은 것만 잘 정리하여 광고를 내면 대중들은 눈길조차 주지 않았습니다.

그런 대중의 시선을 잡기 위해서 유명 모델을 섭외하고, 광고 디자인을 화려하게 하고, 마음을 사로잡는 카피 한 줄을 쓰기 시작한 것입니다. 광고 제작과 카피라이팅은 이러한 흐름 속에서 계속 발전하게 되었고, 이러한 메시지의 경쟁은 시간이 지날수록 더욱 심화되었습니다.

☑ 사람들은 광고를 스킵한다

흔히 4대 매체라고 말하는 TV, 라디오, 신문, 잡지가 주요 매체였던 시대에는 그래도 지금보다 상황이 나았습니다. 시청률이 높은 프로그램에 비싼 광고비를 내고 광고를 하거나 모든 매체에 광범위하게 광고하는, 소위 '뿌리는 광고'를 하면 어떻게든 사람들이 광고를 보게끔 할 수 있었습니다. TV에 보고 싶지 않은 광고가 나온다 해도 리모컨으로 채널을 바꾸는 게 귀찮으니 그냥 보는 경우도 많았기 때문입니다.

하지만 스마트 기기의 보급으로 이제는 주요 매체가 바뀌었습니다. 이제 사람들은 스마트폰으로 거의 모든 콘텐츠를 보고, 광고도 거기서 보게 됩니다. 스마트폰이 TV, 라디오, 신문과 같은 이전 매체들과 가장 다른 점은 손가락 터치 하나로 **스킵**^{skip}할 수 있고, 다른 **링크**^{link}로 이동할 수 있다는 점입니다. 유튜브 광고를 처음부터 끝까지 다 보는 사람은 거의 없을 겁니다. 대부분 스킵 버튼을 눌러 광고를 끄게 되죠. 또 TV나 라디오처럼 일방향적인 매체가 아니기에 언제든 링크를 눌러서 다른 콘텐츠로 옮겨 갈 수 있습니다. 그만큼 대중의 시선을 한곳에 오랫동안 모아 놓기 어렵다는 말이지요. 스마트 기기의 발전으로, 광고는 이전보다 더욱 어려운 일이 되었습니다.

내가 하는 일은 광고 제작이 아니기에 나와는 상관없는 이야기라고 생각하실지도 모르겠습니다. 하지만 이러한 상황은 광고 분야 말고도 대중을 상대로 하는 모든 분야에 똑같이 적용됩니다.

대중은 광고대행사에서 제작한 전문적인 광고인지, 일반 회사의 마케팅팀에서 만든 프로모션인지 구분을 하지 않습니다. 일단 내가 들었을 때 광고처럼 느껴진다면 스킵을 할지 말지, 다른 링크로 옮겨 갈지 말지를 결정하기 때문입니다.

결국 내가 광고인이 아니더라도 자신이 만든 콘텐츠나 메시지의 목적지가 대중과 소비자라면 스킵의 위기를 넘기고, 다른 링크로 옮겨 가지 않고 끝까지 버텨서 대중에게 도달할 수 있어야 그 목적을 달성할 수 있습니다. 이렇게만 말하면 **누군가에게 알리는 일**은 너무 어려운 일로만 보이지만, 사람들이 메시지를 어떤 방식으로 접하고 이해하는지 그 과정과 원리를 알 수 있다면 그 어려움을 푸는 방법도 생각해낼 수 있습니다. 그 방법에 대한 구체적인 이야기는 다음 챕터에서 다루기로 하고 지금은 **카피라이팅**에 대한 이야기를 조금 더 하겠습니다.

카피라이팅에 대한 오해와 진실

✍️ 글을 못 써도, 카피는 잘 쓸 수 있다

카피라이팅은 '누군가에게 설명하고 설득하는 글'을 쓸 때 활용할 수 있는 아주 효과적인 방법이라고 말했습니다. 나날이 스마트 기기가 발전하고 매일 사람들의 시선을 끄는 콘텐츠가 쏟아지는 요즘 시대엔 더욱 필요한 스킬 중에 하나입니다. 하지만 '스킬' 혹은 '라이팅'이라는 단어 때문에 벌써부터 겁이 나거나 자신감이 없어지는 분들도 있을 거라 생각합니다. 그래서 본격적으로 카피라이팅을 배우기 전에 이러한 걱정들에 대해 이야기해 보려 합니다.

일단 **카피라이팅**이라는 단어를 살펴보죠. **카피**^{Copy}는 광고에 들어가는 모든 글을 말합니다. 그 카피를 쓰는 일을 카피라이팅이라 하고, 그 일을 하는 사람들을 카피라이터라고 말하지요. **쓰기**^{Writing}라는 말이 들어가기에 글을 잘 쓰는 사람만 카피를 잘 쓸 수 있다고 오해합니다. 저 역시도 처음엔 글을 잘 쓰는 사람만 카피라이터가 되는 줄 알았습니다. 물론 글을 잘 쓰는 사람이 카피를 쉽게 쓰기도 하고, 실제로 카피라이터들의 대학 전공이 국어국문과나 문예창작과인 경우도 많지요. 하지만 글과 전혀 관련 없는 전공을 하고, 평소에 글쓰기에 관심이 없던 사람이 카피라이터가 되는 경우도 꽤 많습니다. 저도 그런 사람 중에 하나이고요.

비슷한 예시로 포토샵, 일러스트레이터와 같은 디자인 툴을 떠올려 볼 수 있을 것 같습니다. 포스터를 하나 제작한다면 디자인 아이디어가 있어야 하고, 그것을 실제로 그릴 수 있는 드로잉 실력이 필요합니다. 하지만 요즘엔 디자인 툴이 크게 발전하여 디자인 아이디어만 있으면 실제 그리는 행위는 툴의 다양한 기능을 활용하여 그릴 수 있지요.

사진 합성과 각종 이펙트를 넣는 것도 아주 간단하게 할 수 있고, 심지어 최근에는 AI(인공지능) 기술로 그림을 그리는 것도 가능해졌고요. 직선 하나, 동그라미 하나도 제대로 그릴 줄 모른다 하더라도 디자인 툴을 활용할 줄 안다면 누구라도 멋진 디자인을 완성할 수 있습니다. 물론 내가 실제로도 그림을 잘 그린다면 더욱 효과적으로 작업할 수 있을 겁니다.

여러분이 처음 디자인 툴의 사용법을 배우게 됐다면 간단한 사진 합성이나 도형 그리기 같은 기본적인 작업을 할 수 있게 되고, 더 공부하고 연습한다면 고급 기술도 익히게 되어 고난이도 작업도 가능할 겁니다.

카피라이팅도 이와 비슷합니다. **글을 잘 쓴다면 카피라이팅에 분명 도움이 되지만, 글을 잘 쓰는 게 필수 조건은 아닙니다.** 일단 기본적인 카피라이팅 기법을 배우고 나면 업무 중에 자주 써야 하는 짧은 카피나 제목들을 조금 더 수월하게 쓸 수 있습니다. 시간을 투자하여 더 공부하고 연습한다면 더 효과적인 메인 카피도 쓸 수 있고 나아가 멋진 콘셉트도 쓸 수 있을 겁니다.

실제 디자이너와 카피라이터들도 그러한 과정을 거쳐 현재 자리에 있게 되었지요. 마치 디자인 툴 사용법을 배운다는 생각으로 카피라이팅 기법을 공부하면 글쓰기에 대한 부담감이 줄어들고 훨씬 더 수월하고 효과적으로 배울 수 있을 것입니다.

☑ 아이디어는 뽑는 게 아니라 찾는 것이다

제가 광고에 관심을 갖고 공부를 시작했을 때 가끔씩 기발한 카피를 보게 되면 '이 카피를 쓴 사람은 얼마나 머리가 좋고 아이디어가 넘칠까?' 하면서 부러워했던 적이 많았습니다. 아마 많은 분들이 그때의 저처럼 카피는 아이디어가 좋은 사람만 쓸 수 있다고 생각하실 겁니다. 하지만 그동안 카피를 쓰고 강의를 하면서 느낀 것은 그 이야기가 반은 맞지만 반은 틀리다는 것입니다. 아이디어가 좋은 사람이 카피를 쓰는 데 분명 유리한 것은 사실입니다. 하지만 어떤 사람도 좋은 아이디어를 자판기에서 음료수 뽑듯이 항상 뽑아낼 수는 없습니다.

자신의 머릿속에서 아이디어를 뽑아내는 일은 분명 한계점이 찾아옵니다. 그렇기 때문에 아이디어를 잘 뽑는 게 아니라, 아이디어를 잘 찾아내는 사람이 카피를 더 잘 쓸 수 있습니다. 저 역시도 스스로를 아이디어가 좋은 사람이라고 생각하지 않습니다. 카피를 처음 배울 때는 '사고가 갇혀 있다'는 말도 들었을 정도였으니까요. 저 자신을 평가해 본다면 아이디어가 좋고 감성적이기보다는 오히려 분석적이고 논리적인 쪽에 더 가깝습니다.

그럼에도 지금까지 카피를 쓸 수 있었던 것은 '아이디어를 찾는 방법'을 알아냈기 때문입니다. 머리에서 찾는 게 아니라 내 주변에서 찾는 것이지요. **아이디어를 주변에서 찾아내는 것은 천부적인 재능으로만 가능한 게 아니라 누구나 쓸 수 있는 방법론이 있습니다.** 그렇기 때문에 그 방법을 배운다면 누구나 기본적인 아이디어 도출은 할 수 있습니다. 욕심을 갖고 시간을 투자하고 경험을 더 쌓게 된다면 속도도 빨라지고 아이디어의 퀄리티도 훨씬 높아지겠지요. 그러니 아이디어를 내는 것에 별로 자신 없더라도 미리 겁먹거나 포기하지 않으셔도 됩니다. 아이디어를 뽑는 것은 재능으로만 하는 것이 아니라는 걸 꼭 명심하시길 바랍니다.

☑ 한 번에 완성되는 카피는 없다

끝으로 창작하는 일에는 똑같이 적용되는 것일 텐데, 카피를 쓸 때 꼭 가져야 할 **마음가짐**을 말씀드리고 싶습니다. 글을 쓰든 그림을 그리든 혹은 그 어떤 것을 창작할 때는 우리 마음 속에 이름 모를 비판자가 한두 명씩 자리잡게 됩니다. 저는 그것을 **내 안의 비판자**라고 말합니다. 그 정체 모를 비판자는 내가 낸 아이디어나 카피를 보고 실망하고, 비웃고, 비난합니다. 그 목소리에 귀를 기울이다 보면 쓰는 속도도 느려지고, 자신감도 점점 떨어지게 됩니다. 쓰고 지우고를 계속 반복하고 있다면 비판자의 목소리가 커졌다는 신호입니다.

그 어떤 유능한 카피라이터도 일필휘지로 카피를 써내려 가는 경우는 없습니다. 남에게는 절대 보여줄 수 없는 하찮은 아이디어, 단어 한 개, 문장 한 줄을 어렵사리 붙들고 조금 더 다듬고, 또 다듬어서 멋진 카피를 완성하는 것입니다. 그 과정에 들이는 시간도 절대 짧지 않지요.

저는 강의를 할 때 그것을 윤오영 작가의 수필 〈방망이 깎던 노인〉에 빗대서 설명하곤 합니다. 그 수필에서 방망이를 깎아서 파는 노인은 손님의 재촉에도 좋은 방망이를 완성하기 위해 오랜 시간 방망이를 깎고 또 깎습니다. 이미 다 완성된 방망이에 불필요한 시간을 낭비했다고 생각했던 손님도 집에 돌아와서야 정말 좋은 방망이라는 걸 뒤늦게 깨닫게 됩니다.

좋은 카피를 쓴다는 것은 방망이 깎는 것과 비슷합니다. 한두 번의 칼질로 좋은 방망이가 완성되지 않듯, 카피도 하찮은 문장에서 시작하여 오랜 시간 깎고 다듬어 나가야 합니다. 그 과정은 당연히 모양이 예쁘지 않겠지요. 우리 안에 비판자는 바로 그 순간을 노리고 들어옵니다. 아직 완성도 되지 않은 카피를 보면서 이상하다, 유치하다는 말을 늘어놓습니다. 그 말에 휘둘리다 보면 우리의 칼질만 느려질 뿐입니다. 내 안에서 올라오는 비판의 목소리는 잠시 무시하고, 일단 눈앞의 문장을 조금씩 더 다듬는 것에 집중하다 보면 분명 더 좋은 카피가 완성될 것입니다.

그림이 그려지는 카피는 잘 들린다

✍ 머릿속에 그림이 그려지는 카피

어디로 가도 서울로만 가면 된다는 말이 있습니다. 좋은 카피도 그와 마찬가지입니다. 어떤 방법을 쓰든 수많은 광고와 메시지를 보고 듣는 사람들에게 스킵되지 않고, 잘 들리고, 설득되는 카피라면 그것이 곧 좋은 카피입니다. 그래서 좋은 카피를 쓰는 방법은 서울로 가는 길만큼이나 많습니다. 그 수많은 길 중에서 제가 소개하고 싶은 길은 **머릿속에 그림이 그려지는 카피**입니다.

자, 잠시 '정성이 가득 담긴 밥상'이라는 문장을 생각해 봅시다. 머릿속에 바로 떠오르는 이미지가 있나요? 이번엔 조금 다르게 말해 보겠습니다. '어머니가 차린 밥상'이라는 문장을 생각해 봅시다. 이번에도 머릿속에 떠오르는 이미지가 있나요? 아마도 첫 번째 문장보다는 조금 더 머릿속에 떠오르는 이미지가 많았을 겁니다. 결국 둘 중에 어떤 문장이 조금 더 쉽게 읽혔나요?

> **정성이 가득 담긴 밥상**
>
> VS
>
> 어머니가 차린 밥상

아마 대부분은 **어머니가 차린 밥상**을 읽었을 때 조금 더 이해가 쉽고 잘 읽혔을 겁니다. 그건 두 번째 문장이 우리 머릿속에 그림을 잘 그려주기 때문입니다. 머릿속에 그림이 그려지는 카피란 이런 문장입니다.

어떤 이미지가 떠올랐나요?

사실 모든 사람들의 어머니 밥상이 똑같을 순 없습니다. 어떤 어머니는 고봉밥을 주시고, 어떤 어머니는 반찬을 많이 주시고, 어떤 어머니는 찌개를 잘 끓이시고, 어떤 어머니는 재료만큼은 가장 신선한 것을 쓰시기도 하겠지요. 하지만 어머니 밥상에는 **정성**이 들어간다는 공통점이 있습니다. 그래서 '어머니가 차린 밥상'이라는 문장에는 '정성이 가득 담긴 밥상'이라는 의미가 내포되어 있습니다.

두 문장의 의미는 비슷하지만, 만약 사람들에게 잘 들리도록 쓰는 게 목적이라면 어머니가 차린 밥상이라고 쓰는 게 훨씬 효과적입니다. 정성精誠이라는 단어는 한자어이자 추상어이기 때문에 머릿속 그림이 잘 그려지지 않기 때문입니다.

카피는 슬픔이 아니라 눈물이라고 말한다

비슷한 예시로는 '슬픔'과 '눈물'이 있습니다. 카피를 처음 쓰는 사람의 입장에서는 두 단어가 **유도하는 바**가 거의 동일합니다. 그런데 사람들은 눈물이라고 말했을 때 더 잘 이해하며 빠르게 들린다고 합니다. 앞서 본 예시와 같은 이유로 슬픔이라는 단어보다 눈물이 뜻을 전달하기에 더 효과적입니다.

결국 카피라이팅이 무엇인지 제 생각을 짧게 요약한다면 '슬픔'을 전하기 위해 '눈물'이라는 단어를 찾는 과정이라고 말하고 싶습니다. 내가 말하고 싶은 내용을 담고 있으며 눈에 보이는 단어를 찾는 것이지요. 저는 이런 단어들을 머릿속 **플레이 버튼을 누르는 단어**라고 말하고, 그것을 찾는 과정을 **비주얼 라이팅**이라고 이름 지었습니다. 지금까지 제가 경험한, 가장 간단하면서도 강력한 카피라이팅 기법입니다.

비주얼 라이팅

비주얼이 그려지면 각인된다

📝 사람들은 듣고 싶은 이야기만 듣는다

머릿속에 그림이 그려지는 카피가 효과적인 이유가 또 하나 있습니다. 우리가 쓴 글이나 카피의 최종 목적지는 결국 **사람**이지요. 그렇기에 입장을 바꿔서 보통의 사람들이 메시지를 어떻게 듣고 읽는지를 파악해 보면 그 이유를 쉽게 찾을 수 있습니다.

여러분이 업무 중에 거래처에서 중요한 프로젝트의 계약서를 받았다고 생각해 봅시다. 날짜나 금액 같은 숫자에 오타가 없는지, 명칭이나 계약 조항에 잘못된 부분이 없는지 꼼꼼히 읽어보겠지요. 작은 실수 하나에 프로젝트가 잘못될 수도 있기 때문에 아무리 복잡하고 어려운 문구가 많더라도 계약서를 자세히 검토할 겁니다.

또 다른 예시로 취업을 준비하는 대학생이 채용설명회에 참석했다고 가정해 봅시다. 설명회가 진행되는 동안 채용 관계자의 설명을 작은 토씨 하나 빠뜨리지 않고 듣기 위해 온 집중을 다하겠지요. 취업 준비생의 입장에서는 너무나 중요한 이야기이고, 그 시간이 지나면 다시 듣기 어렵다는 걸 잘 알기 때문입니다.

앞에서 소개한 사례들처럼 **사람들은 자신에게 중요하다고 생각하는 메시지에는 집중을 합니다.** 나와 관련이 없다고 느끼거나, 당장 중요하지 않다고 생각되는 메시지는 귀담아듣지도 않고 설령 들었다 하더라도 한 귀로 흘려버리곤 합니다.

☑ 광고 메시지는 형식이 먼저다

그럼 사람들이 **당장** 중요하지 않다고 생각하는 메시지는 무엇이 있을까요? 가장 대표적인 사례가 바로 **광고 메시지**입니다. 사람들은 일단 광고 메시지라고 **인식**하면 대충 흘려듣고 자세히 보지 않습니다. 앞서도 말했지만 이건 대중 매체에 광고비를 지불하고 내보내는 정식 광고 말고도, 우리가 업무 중에 자주 작성하는 SNS 콘텐츠나 작은 프로모션 홍보도 똑같이 적용됩니다.

그런데 무언가를 '알려야 하는' 광고 메시지를 쓰는 사람 입장에서는 이런 상황이 조금 억울할 수도 있습니다. 없는 이야기를 지어서 말하는 게 아니라 정말로 기능이 좋은 신제품을 홍보하는 거고, 실제로 다양한 혜택을 제공하는 프로모션의 홍보라면 말이지요. **그래서 우리는 내가 쓴 메시지를 사람들이 외면한다고 느낄수록 더욱 메시지의 '내용'에 집중을 하게 됩니다.** 제품의 장점을 하나라도 더 찾아서 적어 보고, 글자를 더 크게 키워 보고, 이런저런 부연설명도 더 끼워 넣습니다.

하지만 그런 노력에도 불구하고 사람들은 광고라고 느끼면 그 내용을 제대로 보지 않습니다. 처음부터 나에게 도움이 되는 메시지라는 걸 알 수 없기 때문입니다. 이건 우리가 억지로 바꿀 수 없는 법칙과도 같습니다. 그래서 광고 메시지는 오히려 내용보다 **형식**이 더 중요합니다. 애초에 외면될 확률이 높으니 자세한 내용보다 형식을 달리해서 일단 사람들에게 외면을 받지 않는 것이 우선입니다.

카피를 쓸 때 문장을 짧게 쓰는 것, 요즘 유행하는 밈을 카피에 넣는 것, 사람들이 좋아하는 특정 키워드를 넣는 것, 카피의 글자를 매우 크게 써서 강조하는 것까지. 우리가 광고 카피에서 자주 볼 수 있는 이런 모습들이 모두 카피가 사람들에게 외면받지 않도록 **카피의 형식**을 먼저 고려한 것들입니다.

그런데 현실적으로는 형식을 먼저 정해놓고 내용을 채우려 하면, 내가 하고 싶은 이야기를 절반밖에 못 할 수도 있습니다. 하지만 하고 싶은 이야기에만 집중하여 카피가 너무 길어지거나, 흥미를 끌지 못하게 되면 애초에 사람들에게 외면을 받게 되어 내가 하고 싶은 이야기 전부를 전달하지 못하게 됩니다. 전문 카피라이터는 최초에 카피를 쓸 때부터 형식과 내용을 모두 고려하면서 쓰는 게 익숙하지만, 이제 막 카피를 시작하는 단계라면 그러지 못할 때가 많습니다. 그래서 카피라이팅 초심자는 내용보다 형식을 더 우선으로 생각하는 게 좋습니다.

☑ 광고에 연예인이 나오는 이유

광고에 유명한 연예인이나 인플루언서가 모델로 나오는 걸 자주 봤을 겁니다. 짧은 광고가 나오는 동안 모델들이 제품을 들고 싱긋 웃는다거나, 제품 설명을 하기도 하고 임팩트 있는 대사를 말하기도 합니다. 그 짧은 시간을 위해 광고주와 기업들은 광고 모델에게 엄청나게 많은 비용을 지불하지요. 그렇게 하는 이유는 앞서 말한 것과 같은 맥락입니다.

대부분의 사람들은 광고를 볼 때 일단 나와 관계가 없다고 생각을 하는데, 만약 내가 좋아하는 연예인이 나온다면 일단 집중을 하고 무슨 말을 하는지 듣기 때문입니다. 광고의 **내용**을 말하기 이전에 일단 광고의 **형식**에 집중한 겁니다. 인기가 많은 연예인 모델로 사람들의 시선을 끈 다음에 그제서야 하고 싶은 진짜 이야기를 시작하는 것이지요. 그래서 유명한 모델로 광고를 하는 것은 아주 오랜 시간 검증된 방법이자, 동서양을 막론하고 항상 쓰는 방법입니다.

하지만 모든 광고에 모델을 등장시킬 순 없습니다. 엄청난 금액의 광고 모델비를 지불해야 하고, 그 섭외조차 쉽지 않기 때문이지요. 우리가 업무 중에 수시로 실행하는 마케팅 활동과 프로모션마다 모델을 쓰는 것도 불가능합니다. 그래서 우린 다른 방법을 생각해야 합니다. 어떻게 대중이 우리의 메시지를 주목하고 듣게 할 수 있을까 말이죠. 이때 쓸 수 있는 방법이 앞서 말한 머릿속에 그림이 그려지는 **비주얼 카피라이팅**입니다.

보통 사람은 ❶ 메시지를 읽고 ❷ 생각해서 이해하고 ❸ 반응이나 행동을 합니다. 여기서 가장 핵심적인 단계는 ❷번, 즉 내가 직접 생각하여 이해하는 과정입니다. 그런데 이 단계는 메시지가 전달하는 바가 나와 관련이 있고 중요하다고 느낄 때만 적용됩니다. 그래서 광고 메시지는 이 과정이 생략되어 버리는 경우가 많습니다.

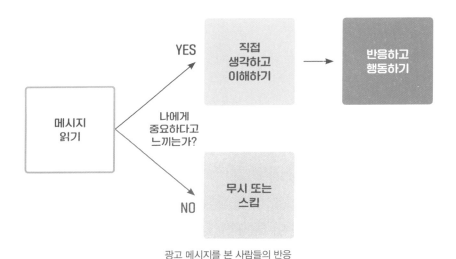

광고 메시지를 본 사람들의 반응

광고 메시지를 쓰는 입장에서는 사람들이 계속 메시지를 외면하니 그럴수록 더 자세하게 소개하고 싶어집니다. 그럴수록 내용은 길어지고 가독성은 떨어져서 사람들이 더욱 관심을 주지 않는 악순환이 반복됩니다.

눈에 보이는 카피(비주얼 라이팅)가 효과적인 것은 ❶ 메시지를 읽는 순간 ❷ 바로 그림이 그려지니 '직접 생각하고 이해하기' 과정이 생략될 수 있기 때문입니다.

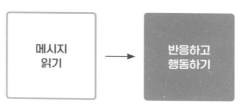

비주얼 라이팅을 본 사람들의 반응

읽거나 듣는 순간 바로 머릿속 그림이 그려지니 읽은 사람이 별다른 노력을 하지 않아도 일단 머리에는 들어오고 이해는 됩니다. 마치 인기 연예인을 모델로 한 광고처럼 말이지요. 음악으로 예시를 든다면 눈에 **보이는 카피**는 카페에서 내 의지와 상관없이 들리는 음악이고, 눈에 **보이지 않는 카피**는 내가 직접 플레이 버튼을 눌러서 틀어야 하는 음악입니다. 이제 어느 정도 이해가 되셨나요?

> **Note** 광고 메시지의 내용과 전달력
> 광고 메시지에서 내용도 당연히 아주 중요합니다. 다만 사람들에게 일단 전달이 되어야 그 내용도 빛이 납니다. 머릿속에 그림이 그려지도록 카피를 쓴다면 비싼 광고 모델 없이도 사람들에게 쉽게 '전달'시킬 수 있다는 걸 기억하시길 바랍니다.

내 이야기로 들리면
더 귀 기울인다

✎ 읽는 사람의 입장을 생각한다

얼마 전 이사를 준비하면서 부동산 사이트에 올라온 매물들을 찾아보았습니다. 그중 인상적인 소개글이 있었습니다. 아파트 1층에 있는 집이 매물로 나온 것이었는데 집에 대한 설명을 '아이 키우기 좋은 집'이라고 소개한 것입니다. 순간 '잘 쓴 카피다!'라는 생각이 들었지요. 1층이면 층간 소음 걱정이 없을 테니 아이들이 다소 뛰거나 소란스러워도 아랫집 눈치를 보지 않아도 되고, 아이를 키우는 부모 입장에서는 아주 좋은 집이라는 것을 짧고 임팩트 있게 설명한 것입니다.

사실 보통은 똑같은 내용을 '층간 소음 걱정이 없는 집'이라고 쓰는 경우가 더 많지요. 그 말도 분명 틀린 말은 아닙니다. 집의 장점을 잘 끄집어냈고, 이해하는 데 어렵지도 않습니다. 하지만 읽는 사람이 실제 아이를 키우는 사람이었다면 '아이 키우기 좋은 집'이 훨씬 더 잘 들리고 관심이 생기는 카피입니다. 그 이유는 바로 **내 이야기**를 하고 있기 때문입니다.

앞서 설명한 머릿속에 그림이 그려지는 카피가 메시지의 형식을 말한 것이었다면 **내 이야기라고 느껴지는 카피**는 메시지의 **내용**에 대한 것입니다.

그러므로 우선순위를 따지자면 그림이 그려지는 카피(형식)가 더 먼저지만, 만약 내 이야기로 느껴지는 카피(내용)까지 제대로 쓸 수 있다면 아주 강력한 메시지를 만들어 낼 수 있습니다.

📝 생산자의 언어와 소비자의 언어를 구별하자

여러분은 **생산자의 언어, 소비자의 언어**라는 말을 들어보셨는지요? 마케팅 전공자이거나 종사자라면 한 번쯤 들었을 수도 있는 개념입니다. 사실 지금 설명하고 있는 내 이야기로 느껴지는 카피도 이와 크게 다르지 않습니다. 우리가 업무 중에 광고 메시지를 쓰게 되는 경우는 대부분 무언가를 알려서 매출을 올리거나 이미지를 좋게 하려는 목적입니다. 그 알리려고 하는 메시지의 주체는 제품이나 서비스, 프로모션일 때가 대부분이지요.

광고 메시지를 쓰는 사람의 입장에서는 우리 제품, 서비스, 프로모션의 장점과 강점을 찾으려고 합니다. 그리고 그 내용을 광고 메시지에 담게 되는 것이지요. 여기까지는 카피라이터가 하는 것과 크게 다르지 않습니다. 하지만 그것을 별도의 가공 없이 그대로 쓰게 된다면 그것이 바로 생산자의 언어가 되는 것이고 내 이야기로 들리지 않는 카피가 됩니다. 그 지점에서 내 이야기로 들리는 카피라이팅이 가미된다면 소비자의 언어로 탈바꿈되는 것이고 그 광고 메시지는 큰 힘을 발휘할 겁니다.

예시를 들어 이해해 볼까요? 당장 신제품 믹서기의 광고 메시지를 써 본다고 합시다. 우리 제품의 특징을 살펴보니 모터가 강력하고 빠르다는 게 눈에 띕니다. 그래서 크기가 큰 과일이나 야채도 대강 썰어 넣기만 하면 짧은 시간에 갈아낼 수 있는 게 큰 장점입니다. 그 특장점을 생산자의 언어로 쓴다면 '모터가 강하고 빠른 믹서기'라고 쓸 수 있을 겁니다. 메시지의 내용이 제품 자체에 초점이 맞춰져 있지요. 물론 틀린 말은 아니지만, 소비자의 입장에서는 크게 와닿지 않는 이야기입니다. 왜냐하면 평범한 사람이라면 믹서기 자체에는 깊게 관심을 갖지 않기 때문이지요.

소비자의 관심은 믹서기 자체가 아니라 믹서기를 이용해 주스나 음식을 만드는 행위입니다. 비슷해 보이지만 분명히 큰 차이가 있습니다. 그래서 똑같은 이야기를 **소비자의 언어**로 쓴다면 '냉장고에 쌓여 있는 과일을 맛있게 해결하는 방법'이라고 쓸 수 있습니다. 메시지의 초점이 믹서기라는 제품이 아니라 믹서기를 쓰는 소비자로 맞춰져 있습니다. 이렇게 쓴다면 소비자는 내 이야기로 들리게 되어 훨씬 더 와닿게 됩니다. 두 메시지의 차이가 느껴지시나요?

	메시지의 내용	카피
생산자의 언어	제품 자체에 초점	모터가 강하고 빠른 믹서기
소비자의 언어	믹서기를 쓰는 소비자에 초점	냉장고에 쌓여 있는 과일을 맛있게 해결하는 방법

신제품 믹서기의 카피 예시

무언가 알리는 메시지를 쓸 때는 주제 내용만 초점을 맞춰서 쓰지 않고, 그것이 상대방(소비자)에게 어떻게 작용할 수 있을지 조금 더 풀어서 쓴다면 같은 내용이라도 훨씬 더 효과가 크게 나타납니다. 물론 머릿속에 그림이 그려지도록 써서 사람들에게 외면받지 않는 것이 우선입니다. 그다음에 내 이야기로 들릴 수 있도록 쓴다면 아주 강력한 카피가 완성되는 것입니다.

POINT DAY 1 핵심 요약

- ☑ 일반적인 글쓰기와 카피라이팅은 개념이 다르다.
- ☑ 광고는 일단 내용보다 형식이 우선이다.
- ☑ 생산자의 언어를 소비자의 언어로 바꿔서 쓰면 더 효과적이다.

[쉬어가기] 왜 그림이 그려지는 카피는 더 잘 들릴까요?

우리는 글로 생각할까요, 아니면 그림으로 생각할까요? 이 질문에 대하여 문화심리학자이자 《에디톨로지》의 저자로도 잘 알려진 김정운 박사는 '사람은 글보다는 그림으로 생각하는 게 더 편하다'고 말합니다. 어렵게 생각할 거 없이 어린아이들을 떠올려봐도 좋을 것 같습니다. 문자는 배우기 전까지는 쓰거나 읽지 못하지만, 그림은 따로 배우지 않았더라도 자기가 그리고 싶은 것을 그립니다. 그림의 형태는 다소 부족하더라도 무엇을 그렸는지 물어보면 자신 있게 설명을 합니다.

이건 어른이 되어서도 마찬가지입니다. 교통표지판, 신호등, 각종 안내판처럼 짧은 시간에 내용을 전달해야 하는 매체에는 글보다는 그림 요소가 더욱 부각되어 있습니다. 눈에 확 띄는 기호와 컬러를 사용해야 사람들이 빠르게 이해한다는 점을 이용한 것이지요. 이런 예시들만 보더라도 사람은 글보다 그림과 더 가깝다는 것을 알 수 있습니다. 그래서 우리도 짧은 시간에 누군가에게 알리고 설득해야 한다면 마치 교통표지판처럼 단번에 이해가 되도록 '눈에 보이는 카피'를 써야 합니다.

DAY

2

무엇을 쓰든
도움되는
라이팅 수칙

공식은 그만!
수칙을 이해하자

라이팅 수칙은 수학 공식이 아니다

저는 광고 일을 하기로 결심해서 광고 대행사를 다니고, 프리랜서로 독립하여 지금에 이르기까지 좋은 강의와 책의 도움을 많이 받았던 것 같습니다. 늘 스스로 아이디어가 부족하다는 목마름이 있었기에 조금이라도 도움이 될 거 같은 강의나 책이 있으면 욕심을 내서 배워보려고 했었지요. 광고 일의 시작이었던 광고 기획자Account Executive, AE에서 카피라이터로 전향하게 된 계기도 강의 때문이었으니 저의 커리어에 있어서 카피라이팅 강의는 정말로 많은 영향을 준 계기였습니다.

교과과정에 따라 수동적으로 강의를 듣는 학창시절과 달리, 사회인이 되어서 듣는 강의는 업무 능력 향상처럼 그 목적이 분명합니다. 제가 카피라이팅 관련 강의를 수강했던 시절을 돌이켜 생각해 보면 목적이 분명한 만큼 항상 업무에 바로 써먹을 수 있는 스킬을 배우고 싶었고, 더 나아가 언제든 그 스킬을 적용할 수 있는 **공식**을 찾기 바랐던 것 같습니다. 마치 수학 문제 풀이를 하듯, 강의에서 배운 스킬에 카피 주제와 키워드를 넣어서 해답을 뽑아내려고 했지요.

강의를 수강하면 실습 시간에는 그 방법이 어느 정도 통하기도 했지만, 막상 카피라이터로 취직하고 첫 프로젝트를 맡았을 때는 큰 좌절감을 맛봐야 했습니다. 열심히 정리한 카피라이팅 공식을 곧바로 대입할 수 없었기 때문이었습니다.

우리의 업무 환경은 대학에 가기 위한 수능 시험처럼 일정한 범위도 없고, 정형화된 유형도 없지요. 수학 시험처럼 딱 떨어지는 정답도 없습니다. 결국 모든 상황에서 써먹을 수 있는 카피라이팅 공식이란 건 애초에 존재하기 어렵습니다. 제가 강의를 제대로 이해하게 된 시점은 그로부터 몇 년이 지나고 조금 더 여유로운 마음으로 '왜 그 강의에서 그렇게 설명했을까?'를 다시 곱씹어 본 때였습니다. **당장 급한 마음에 업무 스킬을 공식처럼 대입하면 그 순간에는 만족스럽지만, 실제 현업에서 활용할 때는 오히려 막막해 지기도 합니다.** 그래서 저는 이 책에서 다루는 카피라이팅 기법을 앞으로 여러분이 공식보다 **수칙**으로 배울 것을 권합니다.

☑ 수칙으로 이해하면 더 빠르게 목적지에 도착한다

수칙으로 배운다는 게 무슨 뜻이냐고요? 수칙은 자동차 면허를 따는 것과 비슷합니다. 자동차 면허 필기시험, 기능시험, 도로주행시험을 생각해 보면 우리가 앞으로 실제 자동차를 타고 도로를 다니면서 마주칠 수 있는 다양한 상황을 가정하여 배우고 시험을 보게 됩니다.

예를 들어 당신이 어떤 도로를 달리든지 직진을 하다가 좌회전 또는 우회전을 할 때는 브레이크를 밟아 속도를 줄이고, 핸들을 꺾은 뒤에 천천히 액셀을 밟아서 나아가라고 배웁니다. 또한 다른 차량과 진행 방향이 겹칠 때는 직진 차량이 우선이라고 배우고, 긴급 상황이 발생했을 때는 비상등을 켜서 다른 운전자들에게 신호를 주라고 배우지요.

이렇게 운전 수칙을 배운 운전자들은 모두 다른 종류의 차를 타고, 다양한 도로에서 운전하게 될 것입니다. 하지만 어떤 도로 상황을 마주치게 되더라도 그 수칙들을 각자의 상황에 잘 대입할 수 있다면 원하는 목적지까지 안전하게 갈 수 있습니다.

이 책에서 말하는 모든 카피라이팅 기법도 마찬가지입니다. 절대적인 공식을 배우는 게 아니라, **상황별 수칙**을 배우는 것이지요. 여러분은 각자 다양한 분야와 상황 속에서 자신만의 카피를 써야 할 것입니다. 그때마다 이 책에서 일러준 수칙들을 다시금 복기하고, 그 수칙들을 길잡이 삼아 조금씩 나아가다 보면 자신의 목적지에 도착할 수 있으리라 생각합니다.

그러기 위해선 수칙의 결론만을 외울 것이 아니라, 그 수칙이 어떤 이유 때문에 만들어졌고 왜 필요한지를 알아야 다양한 상황에 수칙을 적용할 수 있을 것입니다. 일단 이번에는 카피라이팅보다 더 큰 개념으로 **라이팅**을 할 때 중요한 수칙을 말하려고 합니다. 나 혼자 보려고 기록하는 글 말고, 다른 사람들에게 보내는 메시지를 쓸 때 꼭 생각해야 할 3가지 수칙입니다. 앞서 말한 대로 공식이 아닌, 수칙으로 이해한다면 앞으로 어떤 메시지를 쓰든 큰 도움이 되리라 생각합니다.

첫 번째 수칙,
정보의 차이를 인식하라

✒ 많이 알고 있을수록 쓰기는 어려워진다

제가 일했던 광고대행사는 말 그대로 클라이언트의 광고를 대행하는 곳이기에 클라이언트가 바뀔 때마다 광고의 대상도 바뀌었습니다. 어제는 옷 광고, 오늘은 라면 광고, 내일은 자동차 광고를 만드는 식이지요. 이런 업무 방식은 광고대행사의 장점이자 동시에 단점이기도 합니다. 매번 새로운 제품과 신규 콘텐츠를 먼저 접하고 그것들을 광고할 아이디어를 내는 것은 한 가지 제품만을 다루는 직업보다 지루함이 덜하고 흥미롭지만, 결국 매번 새로운 제품과 콘텐츠를 처음부터 다시 공부해야 한다는 말이기도 합니다. 광고할 대상을 제대로 공부하지 않고는 카피를 쓸 수 없기 때문이지요.

그나마 내가 관심 있는 분야라면 재미있게 공부할 수 있지만, 관심이 없거나 문외한인 분야라면 아주 고통스러운 시간이 되기도 합니다. 어쨌든 흥미롭기도 하고, 고통스럽기도 한 **스터디 시간**이 일단 끝나면 그때부터는 조금씩 자신감이 생깁니다. 생소하기만 했던 신제품의 장점이 눈에 들어오고, 알쏭달쏭했던 제품 기능이 익숙하고 편안하게 느껴지기도 합니다.

이제 이 내용들을 잘 정리해서 카피로 쓰는 일만 남았습니다. 하지만 이때부터가 카피라이팅에서 가장 위험한 타이밍이기도 합니다. 내가 카피를 쓰기 위해 이 제품에 대해서 오랜 시간 따로 **스터디**를 했다는 걸 자주 까먹어버리기 때문입니다.

나의 상황과 반대로, 내가 쓴 카피를 볼 소비자들은 신제품에 대한 이해도가 전혀 없는 상태이지요. 그들도 내가 맨 처음 이 제품을 봤을 때 느꼈던 낯섦을 비슷하게 느낄 것입니다. 하지만 오랜 시간 스터디를 했던 나는 그 처음의 낯선 느낌을 어느새 잊어버린 채 그 제품에 대한 배경지식을 바탕에 깔고 카피를 쓰게 됩니다. 그 상태로 쓴 카피는 이 제품에 대해 아무것도 모르는 소비자의 입장에서는 이해가 안 되거나 와닿지 않을 확률이 높습니다. 이것이 바로 카피를 쓰는 나와 카피를 볼 소비자의 **정보의 차이**를 인식하지 못한 상황입니다.

☑ 다섯 살 아이도 이해하는 광고를 만들어라

광고계에는 '다섯 살 아이도 이해할 수 있는 광고를 만들어라'라는 말이 있습니다. 광고에 처음 입문했을 때 저는 그 말의 의미를 실제 다섯 살 아이도 이해할 수 있도록 쉽고 재밌게 광고를 만들라는 뜻인 줄 알았습니다. 하지만 그 말의 진짜 의미는 이 제품에 대해 아무것도 모르는 사람도 쉽게 이해할 수 있도록 광고를 만들라는 의미로 이해하는 게 더 맞을 겁니다.

저는 〈출판 카피라이팅〉이라는 주제로 몇 년 동안 강의를 해왔습니다. 출판 마케터분들은 물론, 출판 편집자분들도 이 강의를 들으시는 경우가 많습니다. 실제 업무에서 원고 작업 외에도 책 제목 등 직접 카피를 써야 할 경우가 많기 때문이지요.

출판 편집자는 원고의 교정 및 교열을 해야 하기 때문에 책 원고를 아주 꼼꼼하게 읽게 됩니다. 목차부터 세세한 텍스트까지 오히려 저자보다 더 잘 알고 있기도 있습니다. 그래서 더욱 효과적으로 카피를 쓰기 어려워하는 경우도 발생합니다. 앞서 말한 광고대행사 예시처럼, 우리의 미래 독자는 이 책에 대해 전혀 모른다는 사실을 자꾸 잊어버리기 때문입니다. 그러한 시각에서 쓴 책 제목이나 카피는 독자들의 관심을 끌기 어려워집니다.

이렇듯 내가 광고하려는 대상을 깊이 공부하면 공부할수록 오히려 좋은 카피를 쓰기 어려워지는 아이러니한 상황이 자주 발생합니다. 특히 광고대행사와 달리 항상 동일한 제품이나 비슷한 콘텐츠만을 다루는 회사라면 이와 같은 상황은 더욱 자주 발생합니다. 이미 이 제품에 관한 공부를 완전히 마쳤는데, 어떻게 하면 이 제품에 대해 전혀 모르는 사람들의 눈높이에서 카피를 쓸 수 있을까요?

☑ 당신이라면 이 사람에게 어떻게 설명하겠습니까?

로버트 저메키스Robert Zemeckis 감독의 영화 〈캐스트 어웨이〉는 한 남자가 무인도에 표류하고 4년 동안 갇혀 지내다 탈출하는 과정을 그립니다. 4년간 무인도에서 혼자 있다가 다시 세상에 돌아온 기분은 어떨까요? 1년만 지나도 세상이 확확 변하는 요즘인데 4년이라는 시간은 정말 딴 세상에 온 것 같은 기분일 것입니다. 갑자기 영화 이야기를 꺼낸 이유는 우리의 카피를 읽을 고객, 소비자, 대중은 마치 무인도에서 갓 탈출한 주인공의 마음과 비슷할 것이기 때문입니다.

우리에겐 너무나 당연하고 익숙한 것들이 이 사람에게는 마치 딴 세상의 이야기처럼 들릴 수 있습니다. 그 **정보의 차이**를 극복하는 방법도 어쩌면 이 영화의 주인공이 처한 상황에서 찾을 수 있을지도 모릅니다. 만약 여러분 앞에 영화 속 주인공처럼 섬에 갇혀 있다가 탈출한 사람이 서 있다고 생각해 봅시다. 그는 2000년 1월 1일에 무인도에 표류하였다가 오늘 탈출하여 그 사이 세상 문물을 전혀 접한 적이 없습니다. 만약 이런 사람에게 스마트폰이라는 물건을 쉽게 설명해야 한다면 어떻게 말해야 할까요?

✍ PRACTICE

Q 여러분의 눈앞에 2000년 1월 1일에 무인도에 표류했다가 오늘 탈출한 사람이 있습니다. 이 사람에게 스마트폰이라는 물건을 한 문장으로 소개해 보세요.

제가 강의 중에 이 질문을 하면 가장 많이 나오는 답은 '손에 들 수 있는 컴퓨터'입니다. 2000년도라면 한참 피처폰을 쓰던 시기라 스마트폰이라는 개념 자체가 없었던 때였지만 닷컴 버블이라는 말이 생겨났을 정도로 PC와 인터넷은 활발하게 보급되었던 시기였습니다.

무인도에 갇혔던 그 사람도 컴퓨터라는 물건은 알고 있는 상태로 그곳에 표류한 것일 테고, 그가 알고 있는 것들(손, 컴퓨터)을 조합하여 스마트폰을 설명한 겁니다.

나와 상대방이 정보의 차이가 있을 때는 이처럼 **상대방이 알고 있는 개념 안에서 새롭게 조합하여 설명하는 방법이 효과적입니다.** 누군가에게 보내는 글은 그 종류가 무엇이든 상대방과 나의 정보 차이를 꼭 인식하고 써야 합니다. 그리고 상대방의 가진 정보 안에서도 충분히 이해될 수 있도록 가공해야 합니다.

LESSON 03
두 번째 수칙, 구체적으로 말하라

📝 수박을 둥근 과일이라고 말하지 않는 이유

카피를 쓴다는 것은 스피드 퀴즈를 하는 것과 비슷합니다. 우리 눈에만 보이는 **제시어**(광고 대상)를 소비자가 이해할 수 있도록 잘 설명하는 것이지요. 만약 저에게 수박이라는 제시어가 주어졌고, 제가 그것을 둥근 과일이라고 설명했다고 합시다. 그 설명을 듣고 곧바로 수박을 떠올릴 사람이 몇이나 될까요?

잘 전달할 수 있을까?

저의 입장(설명하는 사람)에서는 수박도 둥근 과일이기에 이 설명이 틀리진 않았습니다. 하지만 듣는 사람의 입장에서 둥근 과일에 포함될 수 있는 건 사과, 포도, 배, 복숭아 등 모두 나열하기 힘들 정도로 많기에 '둥근 과일'이라는 설명만으로는 모두 저마다 다른 과일을 떠올렸을 겁니다.

다른 사람에게 보내는 메시지를 **구체적으로** 써야 하는 이유는 바로 이 때문입니다. 구체적으로 쓰지 않으면 사람마다 다르게 해석되고, 더 나아가 구체적이지 않은 메시지는 흥미와 관심을 끌지 못하지요. 이러한 부분은 사람들의 시선을 단번에 잡아야 하는 광고, 홍보, 마케팅 메시지에서 아주 치명적인 약점이 됩니다. 또한, 구체적으로 쓰는 것은 앞서 말씀드린 라이팅의 첫 번째 수칙(정보의 차이를 인식하라)과도 연결되는 이야기입니다. 설명하는 사람과 듣는 사람이 서로 정보의 차이가 있다는 것을 먼저 인식하고, 그 내용을 구체적으로 써야 합니다. 그런데 우리는 카피처럼 다른 사람들에게 보내는 메시지를 쓸 때는 오히려 더 구체적으로 쓰지 못할 때가 많습니다. 그 이유는 무엇일까요?

✎ 우리는 중요한 문장일수록 꾸며 쓴다고 배웠다

잠깐 아래에서 제시한 두 문장의 빈칸을 각각 채워 보세요. 이 빈칸에 어떤 단어가 들어가면 잘 어울릴까요?

> "밤하늘의 별이 (   ) 빛납니다."
> "귀여운 아기가 (   ) 웃습니다."

아마도 대부분 사람들이 '반짝반짝'과 '방긋방긋'을 떠올릴 겁니다. 우리는 어렸을 때 문장을 꾸미거나 강조하는 방법으로 **수식어**를 활용한다고 배웠습니다. 같은 말을 하더라도 수식어가 들어간 문장은 의미가 더욱 풍부하게 느껴지지요. 저도 어렸을 적 글쓰기 대회에 나가면 같은 의미를 전달하는 문장도 일부러 이런저런 수식어를 잔뜩 붙여서 썼던 기억이 납니다. 그렇게 해야 글을 잘 쓰는 것으로 생각했지요.

이런 습관은 어른이 되고 직업을 갖게 되어도 비슷하게 남아있는 것 같습니다. 우리는 보통 내가 하고 싶은 말을 강조하고 싶을 때 수식어를 사용합니다. 다른 사람들과 대화를 할 때뿐만 아니라, 제안서를 쓸 때나 홍보를 위한 문장을 쓸 때처럼 중요한 글쓰기를 할 때도 무의식적으로 수식어를 쓰는 경향이 있습니다. 저도 카피라이팅을 배우지 않았을 때는 수식어를 써서 문장을 강조하곤 했으니까요.

물론 다른 사람에게 보내는 메시지를 쓸 때 수식어를 쓰는 자체가 꼭 잘못된 것은 아닙니다. 하지만 구체적이지 않은 수식어라면 우리의 **의도**와 전혀 다르게 전달될 수 있습니다. 수식어는 말 그대로 문장을 꾸며주는 역할이기에 그 자체로 고유한 의미를 갖기 어렵습니다. 고유한 의미를 갖고 있다고 하더라도 눈에 보이지 않는 추상적인 의미인 경우가 많아서 사람마다 해석이 다르고, 이해하는 데에도 조금 더 시간이 걸립니다. 그래서 카피라이팅에 이런 종류의 수식어는 별로 효과적이지 않습니다. 다음의 4가지 예시를 살펴볼까요?

눈부신 이야기

새로운 차원

행복한 우리

강렬한 이유

앞에 나열한 단어들은 실제로 집행된 인터넷 배너 광고의 카피에서 가져온 것들입니다. 광고 카피에서 종종 볼 수 있는 표현들입니다. 이들의 공통점은 말하려는 대상을 꾸미는 수식어가 함께 붙어있다는 것입니다. 분명 뜻을 더욱 강조하고, 관심을 끌기 위해서 수식어를 함께 썼을 것입니다. 우리가 글쓰기를 처음 배웠을 때 수식어를 써서 문장 의미를 풍부하게 만들었던 것처럼 말이지요.

하지만 수식어만 따로 떼어서 살펴보면 '눈부시다', '새롭다', '행복하다', '강렬하다'는 말은 그 자체로 정확한 의미를 갖기보다는 앞뒤에 붙는 단어에 따라 의미가 조금씩 달라지기도 하고, 읽는 사람에 따라 완전히 다르게 해석이 되기도 합니다. 그래서 본래 목적이었던 **문장 강조**가 되기보다는 오히려 말하려는 주제의 핵심이 흐릿해집니다. 그리고 수식어 뒤에 붙은 대상(이야기, 차원, 우리, 이유)도 모두 **관념적인 단어**들이기에 그 뜻이 더욱 모호해집니다.

이처럼 수식어와 관념적인 단어로 쓴 문장은 안개가 잔뜩 낀 날씨처럼 선명하지 않고 흐리게 보입니다. 그럼 화창하게 맑은 날처럼 선명하게 보이는 말은 어떤 것일까요? 아래의 3가지 예시를 살펴보세요.

창문 넘어 도망친 100세 노인(영화, 책)
서울엔 우리집이 없다(예능 프로그램)
당신의 이름을 지어다가 며칠은 먹었다(시집)

앞서 봤던 카피와 차이가 느껴지시나요? 지금 나열한 문장들을 천천히 살펴보면 **수식어**가 없다는 것을 알 수 있습니다. ~~좀 더 이해하기 쉽게 말하면 여러 의미로 해석되는 단어가 없습니다.~~ 그리고 창문, 100세, 서울, 우리집, 이름처럼 뜻이 쉽고 듣자마자 바로 그림이 그려지는 명확한 단어들만 사용했습니다.

그렇기 때문에 문장을 읽었을 때 그 의미가 분명하게 전달되고, 머릿속에 이미지가 곧바로 그려집니다. 물론 모든 카피를 쓸 때 수식어와 관념어를 아예 안 쓸 수는 없습니다. 다만 최대한 적게 사용하는 게 좋고, 쓰게 되더라도 여러 해석이 가능한 단어는 되도록 쓰지 말아야 한다는 것입니다. 결국, 구체적으로 쓴다는 것은 뜻이 불분명한 수식어를 빼고, 뜻이 눈에 보이고 분명한 단어를 조합하여 쓴다는 뜻입니다.

Note **구체적이지 않으면 생명력이 없다**

유명한 일례로 김영하 작가도 구체적으로 쓰는 것에 대한 중요성을 설명했었지요. 물론 우리는 소설을 쓰는 사람은 아니지만 글을 도구로 사용한다는 것은 소설 쓰기나 카피라이팅 모두 똑같습니다. 구체적이지 않은 글은 희미하고 생명력이 없습니다. 소설이든 카피든 구체적으로 써야 뜻이 선명해지고 그 자체로 생생한 매력을 뽐내게 됩니다. 함께 유퀴즈에 나왔던 김영하 작가의 설명을 본 후에 다음 라이팅 수칙으로 넘어가도록 하겠습니다.

〈유퀴즈 온 더 튜브〉
김영하가 '짜증'을 금지한 이유(X)
감정을 섬세하게 들여다봐야 하는 이유(O)

Q 포털사이트 배너 광고, 인터넷 서점 배너 광고, 유튜브 광고 등의 카피에서 '수식어'가 쓰인 사례를 5개 찾아봅시다. 그리고 그 수식어를 뺐을 때 카피가 어떻게 읽히는지 살펴봅시다.

- [예시]달콤한 하루의 충전, 가장 강력한 세일, 합리적인 쇼핑, 신나는 여름에 즐기는 익사이팅한 여행

1)

2)

3)

4)

5)

세 번째 수칙, '쓰면' 들리지 않는다

✏️ 카피 쓰는 법을 배우러 왔는데 쓰지 말라뇨?

"여러분, 카피를 '쓰려고' 하면 좋은 카피를 쓸 수 없습니다.
절대 쓰려고 하지 마세요."

강의 첫 시간에 **라이팅 수칙 3가지**를 설명하다 보면 세 번째 수칙을 설명할 때 고개를 갸우뚱하는 수강생들이 많습니다. 카피 쓰는 법을 배우려고 왔는데 첫 시간부터 '쓰지'writing 말라고 하기 때문이지요. 그런데 이 말은 괜히 주목을 끌기 위해 과장되게 하는 말이 아니라 정말로 카피를 작성할 때 가장 중요한 수칙입니다.

업무 메신저로 채팅을 하든, 중요한 기획서를 작성하든, 포스트잇에 간단한 메모를 적든 쓰기의 시작은 일단 우리의 머릿속 생각에서 출발합니다. 낙서가 아닌 이상 무념무상의 상태에서 쓸 수 있는 글은 아무것도 없습니다. 그와 마찬가지로 카피의 시작도 아이디어(생각)에서 출발합니다. 그리고 그 아이디어 역시 우리의 머리에서 생겨납니다. 결국, 일상적인 글쓰기나 카피라이팅 모두 우리 머리에 있는 **생각**(아이디어)을 **글**(언어)로 바꾸는 과정이지요.

일상적인 글을 쓸 때는 문제가 되지 않지만, 카피처럼 다른 사람에게 보내는 글을 작성할 때는 이 프로세스(생각→글)가 문제를 일으키곤 합니다. 우리 머릿속 생각은 대부분 추상적인 것(관념, 감정, 느낌 등)들로 이루어져 있기에 이것을 그대로 글로 옮기면 그 글도 **추상적인 글**이 됩니다. 추상적인 글은 말 그대로 눈에 보이지 않는 막연한 느낌을 주기 때문에 사람들이 단번에 이해하기 어렵고 문장 길이도 길어집니다.

추상적인 글이 나오는 과정

이렇게 되면 뒤에서 더욱 자세히 설명할 **비주얼 라이팅**과는 멀어지게 되지요. 그래도 직장 동료와 주고받는 업무 메시지나 상부 보고를 위한 기획서, 보고서처럼 나와 상대방이 서로 필요하기 때문에 쓰는 글들은 다소 추상적으로 쓰더라도, 상대방이 이해하기 위해 의도적으로 노력을 하기에 큰 문제가 생기지 않습니다. 하지만 광고처럼 불특정한 사람들에게 일방적으로 보내는 글이 추상적으로 쓰였다면 사람들은 결코 이해하려고 노력하지 않기에 우리의 메시지는 대부분 스킵되고 맙니다. 그래서 다른 사람에게 보내는 글은 머릿속 생각을 그대로 '쓰면' 안 됩니다.

📝 카피라이팅은 레고 놀이다

저는 처음 카피를 접하는 분들에게 '카피라이팅은 레고 놀이다'라고 소개합니다. 우리가 쓰는 단어들을 **레고 블록**이라고 생각하고, 그 단어들을 조립하여 문장을 완성하는 것이지요. 마치 레고 블록으로 자동차나 집을 만드는 것처럼요.

출처: 레고코리아

예컨대, '카피라이팅은 레고 놀이다'라는 문장은 '카피라이팅', '은', '레고', '놀이', '이다'라는 블록을 **조립**하여 만든 완성품인 것입니다. 우리는 머릿속 생각을 글로 그대로 옮길 게 아니라, 머릿속 생각을 효과적으로 표현할 단어(레고 블록 조각)를 잘 찾아서 효과적으로 조합(레고 블록 조립)해야 합니다.

카피라이팅은 글쓰기가 아니라 **글 조립**에 더 가깝습니다. 그리고 레고는 조립만 가능한 게 아니라 **분해**도 가능하다는 걸 잊어선 안 됩니다. 프라모델로 완성한 자동차는 다시 분해할 수 없지만, 레고로 만든 자동차는 언제든 작은 블록으로 분해할 수 있고 그것으로 전혀 다른 작품을 다시 조립할 수도 있습니다. 그것과 동일하게 우리는 언제든 이미 완성되어 있는 문장(완성품)에서 단어(블록)를 분해해서 지금 쓰는 문장에 조립할 수도 있습니다.

📝 제목의 재구성: 카피 조립 연습하기

이처럼 글쓰기를 레고 놀이로 빗대어 생각하면 생각을 그대로 글로 옮기지 않고 더욱 효과적으로 쓸 수 있습니다. 열 번의 설명보다 한 번의 경험이 이해를 더 도와줄 겁니다. 제가 강의에서 **제목의 재구성**이라고 소개하는 실습을 직접 해 보면 글을 쓰지 않고, 글을 조립한다는 것이 무엇인지 잘 이해할 수 있을 겁니다.

가수 아이유 씨가 직접 작사하고, HIGH4와 함께 불렀던 〈봄 사랑 벚꽃 말고〉라는 노래로 실습해 보겠습니다. 이미 이 노래를 잘 알고 계신 분도 있겠지만, 글 조립을 연습할 때는 처음 들어보는 노래라도 괜찮습니다. 〈봄 사랑 벚꽃 말고〉의 가사 내용은 어느덧 계절은 봄이 되었지만, 내 마음은 아직 겨울에 머물러 있어 외로움을 느끼고 있다는 내용이지요. 버스커 버스커의 〈벚꽃 엔딩〉처럼 봄을 주제로 한 시즌송이지만, 가사 내용은 오히려 봄의 외로움을 노래하고 있습니다.

함께 해 볼 실습은 이 가사의 내용을 담고 있는 제목을 다시 지어보는 것입니다. 다만 한 가지 제약 조건은 **가사에 있는 단어**만 사용하여 제목을 지을 수 있습니다. 이 노래 가사를 조립이 끝난 레고 완성품이라고 생각하고, 거기서 단어 블록을 분해하여 다시 나만의 완성품(제목)을 조립해 본다고 생각하면 됩니다.

시작하기 전에 약간의 팁을 먼저 드리자면, 일단 가사를 쭉 읽어보면서 '이 단어는 쓸만할 거 같다' 느껴지는 단어를 따로 **메모**하는 게 좋습니다. 메모하지 않고 눈과 머리로만 이 실습을 하는 건 마치 레고 조립을 손을 안 쓰고 머리로만 하는 것과 같습니다. 앞으로 본격적으로 카피를 쓸 때도 메모를 하면서 쓰는 습관은 매우 중요합니다. 자, 가사를 찾아서 직접 읽으면서 연습해 볼까요?

📝 **PRACTICE** 제목의 재구성 - 글 조립 연습하기

Q 노래 가사에 '있는' 단어만을 활용하여 노래 제목을 다시 지어봅시다.

 봄 사랑 벚꽃 말고 - 하이포(HIGH4), 아이유(IU)

연습해 보셨나요? 이 실습에는 정답이 없습니다. 하지만 주로 많이 나오는 답은 있습니다. 강의 시간에 이 실습을 했을 때 가장 많이 나온 제목은 '나만 빼고 봄'입니다. 이 노래 가사에 나온 단어만으로 만든 제목이고, 가사 내용도 잘 담고 있지요. 심지어 쉽게 읽히는 좋은 제목입니다.

이 시점에서 방금 배운 개념을 적용하여 생각해 볼까요? '나만 빼고 봄'이라는 제목은 글을 쓴 것인가요, 글을 조립한 것인가요? 우리가 제목을 새로 짓기 위해 머릿속으로 생각한 내용은 '계절은 봄이 되었지만 내 마음은 아직 겨울에 있어서 외롭다'는 것이었죠. 그것을 가장 효과적으로 표현할 수 있는 단어를 가사에서 찾았고, 그것들을 조립하여 '나만 빼고 봄'을 완성했습니다. 글로 쓰고 싶은 내용을 곧바로 쓰지 않고, 그 내용을 효과적으로 표현할 단어를 찾아 조립했습니다.

글쓰기	어느덧 계절은 봄이 되었지만 내 마음은 아직 겨울에 머물러 있어 외로움을 느끼고 있다.
글 조립	나만 빼고 봄

머릿속 생각을 글로 바로 쓰게 되면 대부분 관념적인 문장이 되고, 그렇게 하지 않기 위해선 머릿속 생각을 잘 표현할 수 있는 단어들을 찾아서 조립하여 문장을 완성해야 합니다. 이 실습에서는 노래 가사에 있는 단어만 사용했지만, 실제 카피를 쓸 때는 그런 제약 없이 세상에 존재하는 모든 단어 중에서 가장 효과적인 단어를 찾아내면 되지요. **결국, 카피라이팅은 문장을 멋있게 쓰는 과정이 아니라 가장 효과적인 단어를 찾고 그것을 어떻게 배치할까를 고민하는 과정입니다.**

다음으로 넘어가기 전에 다시 한번 글을 쓴 것과 글을 조립한 것을 비교해 볼까요? 글을 쓴 것은 관념적인 표현이 많고, 문장이 길어지며 읽는 사람이 이해하려면 의식적으로 노력해야 합니다. 하지만 글을 조립한 것은 문장이 짧고 쉬워서 이해도 빨리 되지요. 다른 사람들에게 보내는 글을 쓸 때 글 조립을 해야 하는 이유입니다.

☑️ 한자어만 빼도 절반은 성공

글을 쓰는 것보다 조립하는 것이 좋다고 말했지만, 실제로 카피를 써보면 바쁜 업무 상황 속에서 매번 글을 조립한다는 건 현실적으로는 어려울 수 있습니다. 카피라이터는 카피를 쓰는 게 주 업무라서 시간을 들여서 단어를 찾고 이리저리 문장을 조립해 볼 수 있지만, 일반적인 직장인이라면 글을 쓰는 데 그렇게 많은 시간을 들이기 부담스러운 상황이 많기 때문이지요.

물론 글 조립은 계속 연습하면 그 속도가 빨라집니다. 하지만 당장 글을 조립하기 어려운 상황이라면, 내가 쓰는 문장에서 **한자어**만 빼내도 상대방이 훨씬 더 읽기 쉬워집니다. 우리말의 절반 정도는 한자어로 되어 있기에 우리의 생각이나 문장에서 한자어는 생각보다 훨씬 많이 포함됩니다. 늘 쓰는 말이기에 글을 쓸 때도 아무 생각 없이 한자어를 쓰는 경우도 있고, 또 어떤 경우엔 한자어의 함축적인 의미 때문에 문장 길이를 줄이려고 쓰는 경우도 있습니다. 그래서 **의식적으로** 한자어를 걷어내지 않으면 내가 쓴 문장에 생각보다 많은 한자어가 들어가곤 합니다.

예전에 영양제 배너 광고의 카피에서 '초소형'이라는 단어를 쓴 걸 본 적이 있습니다. 영양제 1알이 먹기 편하도록 정말 작다는 표현을 하기 위해 그렇게 썼을 것입니다. 물론 초소형의 뜻을 모를 사람은 없지만, 분명한 건 한자어는 이해하는 데 시간이 조금 더 걸린다는 것입니다. 특히 짧은 시간에 사람의 시선을 잡아야 하는 광고 카피에서 한자어는 매우 치명적일 때가 많습니다.

초소형 → 정말 작습니다 or 콩알보다 작습니다

차라리 초소형이라는 단어 대신에 '정말 작습니다'라고 쓰거나 '콩알보다 작습니다'라고 쓰는 것이 소비자가 봤을 때 이해가 더욱 빠릅니다. **짧은 카피가 좋다는 건 간단명료한 표현이 좋다는 것이지, 글자 수만 줄이면 좋다는 뜻이 아니기 때문입니다.** 누군가에게 보내는 글을 쓸 때 한자어만이라도 되도록 배제하고 쓰면 어떤 문장을 쓰든 더욱 효과적으로 쓸 수 있습니다.

☑️ **POINT DAY 2 핵심 요약**

☑ 소비자와 나의 정보의 차이를 인식한다.

☑ 수식어와 한자어는 지양하고 구체적으로 쓴다.

☑ 카피라이팅은 멋있는 문장 쓰기가 아니라, 효과적인 단어를 적절히 배치하는 것이다.

DAY
3

카피라이팅은
배달이다

LESSON 01

카피를 쓰기 전에 광고 메시지부터 정한다

✍ 마케팅 효과가 없다면 배달 사고를 의심하자

조선 시대 실학자 황윤석이 쓴 일기인 《이재난고頤齋亂藁》를 살펴보면 1768년 에 과거 시험을 본 다음날 일행과 함께 점심으로 냉면을 시켜먹었다는 기록이 남아있다고 하지요. 그 냉면 배달이 기록에 남아있는 우리나라 최초의 음식 배 달이라고 합니다. '우리는 배달의 민족'이라고 외쳤던 어떤 광고의 카피처럼 우 리나라 배달의 역사는 생각보다 깊고 오래되었습니다. 조선 시대부터 시작된 음식 배달 문화는 이제 우리의 일상에서 결코 빼놓을 수 없는 것이 되었습니 다. 갑자기 배달 이야기를 꺼낸 이유는 우리가 쓰는 카피라이팅도 배달이라는 행동과 비슷한 부분이 많기 때문입니다.

카피라이팅은 배달과 어떤 부분이 비슷할까요? 만약 우리가 식당을 운영하 고 있고, 방금 배달 주문이 들어왔다고 가정해 봅시다. 일단 주문받은 메뉴를 확인하고 나서, 정성껏 조리하여 꼼꼼하게 포장을 해 둘 겁니다. 곧이어 도착 한 배달 기사님께 안전한 배달을 부탁하며 음식을 전달하겠지요. 얼마 후에 우리 고객은 따끈따끈한 음식을 받아서 맛있는 식사를 할 것입니다.

이런 일련의 과정은 카피라이팅에 그대로 대입시켜볼 수 있습니다. 주문받은 메뉴는 **광고할 메시지**가 되고, 조리 과정은 **카피 쓰기**로, 배달 기사님은 **광고 매체**로, 음식을 받아 든 고객은 카피를 듣거나 읽은 **소비자**로 비유할 수 있을 겁니다.

이 과정을 단순하게 생각한다면 주문받은 메뉴(광고할 메시지)를 고객의 집(소비자)까지 안전하게 배달하기만 하면 되는 것인데, 실제 음식 배달에서도 배달 사고가 종종 일어나는 것처럼, 카피라이팅에서도 의도치 않은 배달 사고가 간혹 일어나기도 합니다. 주문 메뉴를 제대로 체크하지 않아서 고객에게 엉뚱한 음식을 배달한다든지, 또는 음식이 제대로 배달되지 않아서 고객이 정성이 담긴 음식을 받지 못하는 상황과 같은 것이지요.

만약 여러분이 실제 마케팅이나 홍보 업무에서 어떤 어려움을 겪고 있다면 이러한 배달 사고가 발생했을 확률이 높습니다. 실제 식당에서 배달 사고가 생기면 시간적, 금전적 손해가 발생하듯 우리의 업무 중에 잘못 배달된 카피도 시간적, 금전적 손해가 일어날 뿐만 아니라 더 나아가 브랜드의 이미지 하락으로 이어질 수 있습니다. 따라서 항상 카피를 쓸 때는 실제 배달을 하는 것처럼 꼼꼼하고 계획적인 자세가 필요합니다.

☑️ 카피보다 광고 메시지를 먼저 쓰는 이유

카피를 고객의 집까지 안전하게 배달하려면 어떻게 해야 할까요? 어떤 배달이든 처음에 할 일은 '주문받은 메뉴'를 잘 체크하는 것부터 시작됩니다. 짜장면을 시켰는지, 짬뽕을 시켰는지 또 음식 수량은 얼마나 되는지, 또 별도의 요청 사항은 없는지 잘 체크하고 음식을 조리해야지요. 이 과정을 카피라이팅으로 비유하자면 광고할 메시지를 잘 체크하고 카피를 쓰는 것입니다. 어떤 내용으로 카피를 쓸지 미리 정하고 쓰는 것이지요. 광고할 메시지를 정하지 않고 곧바로 카피를 쓰는 것은 주문서도 확인하지 않고 당연히 짜장면이겠거니 하면서 조리를 시작하는 것과 같습니다.

사실 업무상 카피를 써야 하는 사람이라면 어떤 **내용**이 카피에 들어가야 할지 모르는 경우는 없습니다. 오히려 앞서 말한 대로 우리는 해당 제품이나 서비스에 대해 너무 많은 것들을 알고 있는 데 반해, 우리 소비자들은 아무런 사전 정보가 없다는 것을 의식하면서 카피를 써야 합니다. **하지만 카피를 쓸 때 '광고할 대상의 정보'를 알고 있다는 것과 '광고할 메시지'를 정하는 것은 반드시 구별해야 합니다.** 실제 업무 상황에서 내가 광고할 대상의 정보를 이미 잘 알고 있기에 **광고 메시지**를 따로 작성하지 않고 곧바로 카피를 쓰는 경우가 매우 많습니다. 이러한 작은 과정의 차이가 나중에 완성되는 카피에는 매우 큰 영향을 미칩니다.

예를 들어, 이번에 우리 회사에서 새롭게 출시하는 제품의 카피를 쓴다면, 이전보다 기능과 편의성이 크게 좋아졌고, 당연히 이 부분을 잘 어필할 수 있는 카피를 쓰는 게 목적입니다. 그래서 여러분은 제품 스펙을 꼼꼼히 확인하고,

새로운 기능에 대해 공부하면서, 실제로 사용할 때 어떤 부분이 편한지도 열심히 찾았습니다.

대부분은 이 시점에 곧바로 카피를 쓰려고 합니다. 그러면 십중팔구 두루뭉술한 카피를 쓰게 됩니다. 좀 더 구체적으로 말하면 제품 정보를 모두 아우르는 카피를 쓰게 될 확률이 높습니다. 이전 제품보다 모든 부분에서 업그레이드된 신제품을 꼼꼼히 스터디할수록 '이번에 정말 좋은 신제품이 출시되었다'라는 말밖에 할 수 없지요. 마치 맛있는 음식을 먹고 나서 '정말 맛있다'만 연발하는 것과 비슷합니다. 만약 누군가에게 그 음식을 알리고 판매하려면 이 음식이 어떻게 맛있는지 더 구체적으로 알려야 사람들이 주목하겠지요.

그래서 제품 정보를 열심히 스터디했다면 그 정보를 바탕으로 어떤 소비자를 타깃으로 할지, 제품의 특장점 중에 무엇을 알리고, 어떤 부분을 강조하여 어필할 것인지 '따로' 정해야 하고, 그것이 바로 **광고 메시지**가 됩니다. **이렇듯 광고할 대상의 정보와 광고 메시지는 완전히 별개의 개념이고, 카피를 쓰기 전에 반드시 광고 메시지를 정하는 과정을 거쳐야 합니다.**

☑ 광고 메시지가 흐릿해지면 카피가 산으로 간다

실제로 광고계에는 광고 메시지의 중요성을 알려주는 사례가 있습니다. 1990년대에 최고의 인기를 누렸던 김국진 씨가 출연했던 컴퓨터 광고는 당시에 '밤새지 말란 말이야'라는 유행어가 대히트하며 그 광고를 모르는 사람이 없을 정도로 주목을 받았습니다. 하지만 당대 최고의 인기 스타와 그가 말한 유행어에 집중한 나머지 대중들은 그 광고는 기억하지만, 그 광고의 제품은 무엇이고 제품명이 무엇인지 모르는 상황이 벌어지기도 했습니다.

또 비슷한 사례로 '따봉!'이라는 유행어를 만든 오렌지 주스의 광고도 사람들이 유행어는 기억하지만 어떤 브랜드의 오렌지 주스인지 잘 모르는 상황이 생기기도 했지요. 분명 광고 기획 단계에서는 소비자들에게 어떤 메시지를 전달할지 정해져 있었을 것입니다. 하지만 메시지를 유행어로 치환하여 표현하는 과정에서 그 메시지의 핵심이 흐릿하게 변했을 확률이 높습니다.

물론 그 광고들이 나왔을 때엔 지금과 미디어 환경이 매우 달랐다는 것도 감안해야 합니다. 1990년대는 지금보다 TV의 영향력이 훨씬 더 컸습니다. 당시 인기가 많은 드라마는 시청률이 60%를 넘기기도 했을 정도였으니까요. 지금은 유튜브, SNS, OTT 등으로 미디어가 세분화되었지만, 1990년대 당시엔 TV 하나가 모든 미디어의 역할을 수행했습니다. 그래서 그때 TV 광고는 단순 광고의 역할을 넘어 밈meme을 생산하는 역할도 함께 했기에 앞서 말한 사례처럼 TV 광고가 최초 기획 의도와 다른 방향으로 소비되는 경우도 종종 발생했습니다.

다만, 주도면밀하고 구체적인 광고 메시지가 없으면 우리가 쓴 카피는 의도치 않은 결과를 가져올 수도 있다는 것을 알려주는 사례로 이해해야 할 것입니다. 이처럼 광고에서 주객이 전도되는 상황(광고 제품보다 모델이나 유행어가 더 주목받는 상황)은 현재도 종종 일어나는 일이며, 광고를 만드는 사람들이 늘 경계하고 조심해야 할 사례입니다.

광고 메시지를 맛있게
만드는 방법

🖉 광고 메시지에는 정답이 없다

광고 메시지는 무엇이고, 왜 써야 하는지는 알게 되었으니 이제 어떻게 써야하는지 알아보도록 합시다. 쉽게 말해 카피를 쓰기 전에 **개요**를 먼저 써본다고 생각하면 됩니다. 영화로 치면 **시놉시스**에 해당하고, 건축으로 비유하자면 **설계도**와 비슷합니다. 어떤 타깃(소비자)을 대상으로 어떤 이야기(알릴 내용)를 할지 정하면 됩니다.

실제 업무에서는 이러한 광고 메시지가 이미 정해져 있는 경우도 종종 있습니다. 신제품이 개발될 때부터 타깃과 특장점이 명확하여 사실상 광고 메시지가 이미 정해져 있는 경우도 있고, 상부나 관련 부서에서 광고 메시지를 확정한 상태로 홍보 업무를 맡을 때도 있습니다. 그런 경우엔 이미 정해진 광고메시지를 바탕으로 카피를 곧바로 쓰면 되고, 정해진 광고 메시지가 없을 경우엔 이제 소개하는 방법대로 광고 메시지를 작성하고 카피를 쓰면 됩니다.

일단 광고 메시지에 정답이 없다는 것을 꼭 기억해야 합니다. 어떤 이야기를 할지는 전적으로 작성하는 사람이 결정하기 나름입니다. 그렇기에 더 막막하게 느껴질 수도 있지만, 거꾸로 생각해 보면 어떤 내용으로 쓰든 **나름의 근거와 이유가 있다면 모두가 정답이 될 수 있다는 것**이니 너무 부담을 가질 필요는 없습니다. 그리고 광고 메시지는 **구체적**일수록 카피도 작성하기 편하다는 것도 꼭 기억합시다. 예를 들어 제품의 성능이 뛰어나다면 어떤 부분이 실제로 어떻게 활용될 수 있는지 구체적으로 쓰면 좋고, 음식의 맛이 좋다면 어떤 재료와 레시피로 조리하여 구체적으로 어떻게 맛이 있는지 써야 카피로 옮겨 쓰기 편합니다. 앞서 말했던 **라이팅 수칙 3가지**가 그대로 적용된다고 생각하면 더 이해가 쉬울 겁니다.

☑ 이 카피로 누구에게 무슨 이야기를 할 건가요?

본격적으로 광고 메시지를 쓰기 위해 일단 내가 쓸 카피의 **타깃**부터 정해 봅시다. 타깃 설정도 내가 가장 효과적이라고 생각하는 대상으로 정하면 되는데, 예를 들어 '차량 구매를 고려 중인 30대 직장인'처럼 좁은 범위를 잡을 수도 있고 '40대~50대 중장년'처럼 광범위하게 잡을 수도 있습니다.

간혹 광고 메시지의 타깃을 좁은 범위로 설정하는 것이 마케팅과 세일즈에 악영향을 주는 것은 아닌지 걱정될 때도 있습니다. 하지만 카피는 타깃이 좁혀져도 오히려 메시지 자체가 뾰족해져서 전달력이 더욱 높아지는 경우가 많습니다.

그래서 광고 메시지의 타깃을 좁게 설정한다는 전략은 우리가 광고할 제품의 예상 소비자를 축소하는 것이 아니라 광고 메시지가 더 잘 들릴 수 있도록 날카롭게 한다고 생각하는 편이 좋습니다.

또한 광고 메시지는 타깃을 특정 나이대나 직업, 지역 등으로 축소시켜도 그 근처에 있는 주변 타깃들도 함께 주목하는 경우도 많습니다. 예컨대, 어떤 카피에 25살이라는 특정 나이를 직접적으로 써도 20대라면 자연스럽게 주목하게 되는 것이지요. 그렇기에 광고 메시지 타깃은 좁은 범위든, 넓은 범위든 자신이 효과적으로 생각한 것으로 설정해도 괜찮습니다.

광고 메시지의 타깃을 정했다면 무슨 이야기를 할지 고민해야겠지요. 내가 쓰는 카피를 통해 사람들에게 무엇을 알리고 어필할지 정해야 합니다. 그러기 위해선 앞서 말한 대로 광고할 대상의 정보를 잘 숙지해야 하고, 그 정보 중에서 무엇을 알릴지 결정해야 합니다.

실제 제가 강의 때 진행했던 실습을 함께 살펴보면 이해가 더욱 쉬울 겁니다. 《마늘이 다한 요리》라는 책을 가지고 했던 실습이었는데요, 마늘로 만들 수 있는 다양한 요리 레시피를 담은 책이었지요. 수강생들이 직접 이 책의 홍보용 카피를 쓴다고 가정하고 카피를 쓰기 전에 어떤 타깃에게 어떤 메시지를 쓸지 실습해 보는 것이었습니다.

《마늘이 다한 요리》(김봉경 저, 이덴슬리벨, 2021)

수강생의 실습 사례 중에 기억에 남는 광고 메시지가 2개 있었는데, 첫 번째는 혼자 밥을 만들어 먹어야 하는 자취생을 타깃으로 '복잡한 재료 필요없이 마늘 하나로 여러 음식을 해먹을 수 있는 레시피'라고 광고 메시지를 잡은 것입니다. 두 번째는 매일 어떤 음식을 해야 할지 고민이 많은 주부를 타깃으로 '매일 마늘로 다양한 음식을 만들 수 있도록 도와주는 책'이라고 광고 메시지를 잡은 것이지요.

	수강생 A	수강생 B
타깃 독자	혼자 사는 자취생	매일 요리 고민을 하는 주부
광고 메시지	복잡한 재료 없이 마늘 하나로 여러 음식을 해먹을 수 있는 레시피	매일 마늘로 다양한 음식을 만들 수 있도록 도와주는 책

똑같은 콘텐츠를 보고서도 이렇게 완전히 다른 타깃을 대상으로 결정하면, 다른 이야기를 할 수 있다는 걸 보여주는 사례입니다. 또한, 광고할 대상의 정보를 알고 있는 것과 광고 메시지를 정하는 것은 별개의 일이라는 것을 알려주기도 합니다. 단순하게 이 책에 대한 정보로만 카피를 쓰게 된다면 이 책엔 '마늘로 만드는 다양한 요리 레시피가 담겨있다'고밖에 말할 수 없겠지요.

하지만 특정 타깃을 잡고 그들에게 어떻게 어필할 것인지 미리 광고 메시지로 정해놓고 카피를 쓰면 전문 카피라이터가 아니라도 효과적인 카피를 쓸 수 있습니다.

우리가 하루에도 여러 번 무심코 보고 지나가는 광고의 카피들 대부분이 이러한 전략적인 판단 아래 만들어졌다고 생각하면 됩니다. 그 광고가 가볍고 재미있는 광고든, 진지하고 무게감 있는 광고든 말이지요.

LESSON
03

끝난 배달도 다시 보자!
거꾸로 보는 카피

☑ 혼자서 카피라이팅을 연습하는 법

카피라이팅 강의를 종강할 때면 질의응답 시간을 갖습니다. 그때 자주 나오는 질문은 추천하는 카피라이팅 책이 있는지와 평소에 카피라이팅을 연습하는 방법입니다. 강의가 끝나더라도 카피라이팅을 계속 연습하여 업무에 도움을 받고 싶은 생각에서 비롯된 질문이라고 생각합니다. 결국, 카피라이팅도 다른 업무 스킬과 마찬가지로 꾸준히 직접 써 보면서 **감**을 찾아야 하는 것이기에 어느 수준까지 가기 위해선 절대 시간이 필요하지만, 그 시간을 조금이라도 줄이고 효과도 더욱 높이는 방법이 있습니다.

강의에서 **거꾸로 보는 카피**라고 소개하는 실습으로 실제 집행된 광고의 카피를 놓고 그 **카피의 타깃**과 **광고 메시지**를 역추적해 보는 것입니다. 물론 그 카피를 실제 작성한 카피라이터만이 정답을 알고 있겠지만, 나름의 근거와 이유를 찾아보면서 카피를 거꾸로 분석해 보는 것은 카피를 직접 쓰면서 연습해 보는 것만큼이나 많은 공부가 됩니다. 카피라이팅이 주 업무가 아닌 사람도 내가 직접 카피를 쓸 필요 없이 연습해 볼 수 있다는 이점도 있고요. 특히 광고 메시지를 이해하고, 감을 잡는 데 큰 도움이 됩니다.

☑ '안성탕면' 카피로 연습하기

실제 광고에 나왔던 몇 가지 카피를 함께 살펴보면서 카피를 거꾸로 분석해
보는 연습을 해 봅시다.

✏ **PRACTICE** 거꾸로 보는 카피 실습 1

라면계의 도화지
(농심 안성탕면)

Q 이 카피에서 알리고 싶었던 광고 메시지는 무엇이었을까요?

Q 그 광고 메시지를 누구에게 알리고 싶었을까요?

거꾸로 보는 카피 첫 번째 실습을 직접 작성해 봤다면 이제 함께 살펴보도록 하겠습니다. 안성탕면의 카피에서 알리고 싶었던 광고 메시지는 무엇이었을까요? 완성된 카피인 '라면계의 도화지'는 어떤 재료와 함께 라면을 조리해도 잘 어울린다는 의미를 담고 있습니다. 안성탕면은 이전부터 다른 재료와 함께 조리하면 더욱 맛있다는 메시지를 꾸준히 광고하고 있었고, 그 마케팅 메시지가 '라면계의 도화지'라는 카피로까지 이어지게 되었습니다.

이 카피를 통해 말하고 싶었던 광고 메시지는 우리 제품은 다른 재료와 함께 조리하면 더욱 맛있고, 당신이 만약 다른 재료와 함께 라면을 조리할 거라면 우리 제품을 구매하라는 이야기겠지요. 라면 시장은 워낙 제품이 다양하고, 특정 제품이 오랜 기간 높은 점유율을 유지하기 때문에 이렇게 구체적인 **세일즈 포인트**를 잡고 광고하는 것이 효과적입니다. 예를 들어 매운 라면, 저칼로리 라면, 특정한 식재료를 넣은 라면 등과 같이 그 제품만의 특성을 어필해야 치열한 시장 안에서 점유율을 차지할 수 있습니다.

그럼 그 이야기를 누구에게 알리고 싶었을까요? 일단 **핵심 타깃**은 평소 라면에 여러 재료를 함께 넣는 것을 좋아하는 사람들에게 어필을 하는 게 우선이었을 것이고, 동시에 그냥 라면만 먹던 사람들에게도 호기심을 유발하도록 하는 게 목적이었다고 볼 수 있습니다. 예컨대, '라면에 다른 재료를 넣으면 그렇게 맛있나?'라는 호기심이 들게 하여 제품 구매까지 이어지게 하려는 의도겠지요. 또한, 오래 전에 출시된 제품이기에 그사이 다른 제품으로 이동한 소비자나 아직 한 번도 먹어보지 않은 젊은 세대도 타깃이 될 수 있습니다.

우리가 평소에 가볍게 보고 넘어갔을 광고 카피도 조금만 더 자세히 살펴보면 나름의 이유와 목적을 가지고 작성되었다는 것을 다시 파악할 수 있습니다. 그렇게 뚜렷한 광고 메시지를 가지고 작성된 카피는 사람들에게 더욱 잘들리게 되고, 기억에도 잘 남습니다. 만약 라면이 정말 맛있다고만 카피를 작성했다면 사람들은 그 광고를 기억하지 못했을 확률이 높습니다.

📝 '본죽' 카피로 연습하기

자, 이제 두 번째 카피로 거꾸로 보는 카피 실습을 하고서 다시 함께 살펴보도록 하지요.

📜 PRACTICE 거꾸로 보는 카피 실습 2

오늘을 위로해
[본죽]

Q 이 카피에서 알리고 싶었던 광고 메시지는 무엇이었을까요?

Q 그 광고 메시지를 누구에게 알리고 싶었을까요?

직접 고민하며 연습해 보셨나요? 이제 본죽의 카피를 함께 살펴보도록 합시다. 우선 '오늘을 위로해'라는 카피는 우리 제품(죽)을 먹고 위로를 받으라는 이야기로 들립니다. 단순하게 생각하면 우리 제품이 당신을 위로할 수 있을 만큼 맛있고 좋다는 의미로 생각할 수도 있지만, 조금만 더 생각해 보면 이런 광고 메시지를 작성한 또 다른 이유를 찾을 수 있습니다.

일단 본죽은 업계 **점유율**이 가장 높은 브랜드이면서 **인지도** 역시 높아 남녀노소 대부분의 사람이 알고 있습니다. 사람들이 '본죽'하면 제일 처음 떠오르는 이미지는 무엇일까요? 아마 대부분의 사람들이 **건강식**이라는 이미지를 떠올릴 겁니다. 그래서 본죽을 쉽게 찾을 수 있는 곳도 바로 병원 근처입니다. 웬만한 규모의 병원 옆에는 꼭 본죽이 있다고 해도 과장이 아닐 정도로 환자 또는 몸이 아픈 사람을 위한 건강식이라는 이미지가 확고합니다.

그렇게 건강식 이미지가 확고하고, 판매 인프라도 잘 갖춰져 있다면 회사는 또 다른 목표를 향해 나아가야 할 것입니다. 환자가 아니더라도, 몸이 아픈 게 아니더라도 우리 제품을 찾게끔 하면 시장이 더욱 확장되고 매출도 오를 수 있겠지요.

그리고 나서 다시 '오늘을 위로해'라는 카피를 읽어보면 이제는 다르게 읽히기도 합니다. 우리 제품은 몸이 아픈 사람만을 위한 건강식이 아니라, 마음이 아픈 사람에게도 도움을 줄 수 있는 제품이라는 것을 말하고 싶었던 게 아니었을까요? 마음이 괴롭거나 허탈한 날 우리 제품(죽)이 당신에게 위로를 주고 도움을 줄 수 있다는 것을 말하고 싶었던 게 아닐까 생각합니다.

그럼 그 이야기를 누구에게 알리고 싶었을까요? 일단 가장 가까운 타깃은 마음이 힘들 때 몸도 덩달아 힘들어지는 사람일 것입니다. 실제로 스트레스를 많이 받거나 힘든 일이 있을 때라면 체하거나 소화가 안 되는 사람들이 많은데, 그렇게 몸 컨디션이 떨어지면 밥을 제대로 못 먹거나 아예 굶는 경우도 생깁니다. 그런 사람들에게는 이 제품이 몸과 마음을 함께 보듬어 주는 것이 될 수 있겠지요.

출처: 본죽, 오늘을 위로해 카피 광고

또한 심적으로 힘들어 하는 가족이나 친구를 **만나러 가는 사람**이 타깃이 될 수도 있습니다. 우리가 병문안을 갈 때 죽을 사가는 것처럼, 마음이 힘든 사람을 만나러 갈 때도 우리 제품을 함께 준비하라는 메시지를 그 사람들에게 전달할 수 있을 테니까요. 본죽의 카피 역시 거꾸로 살펴보면 카피에 포함된 여러 의도가 보이면서 어떠한 광고 메시지를 바탕으로 카피를 썼는지 짐작이 됩니다.

이제 세 번째 카피도 직접 실습을 하고서 함께 살펴보도록 하지요.

✏ **PRACTICE** 거꾸로 보는 카피 실습 3

상처엔 처음부터 후~
[후시딘]

Q 이 카피에서 알리고 싶었던 광고 메시지는 무엇이었을까요?

Q 그 광고 메시지를 누구에게 알리고 싶었을까요?

이번 실습은 거의 모든 집에 하나씩은 가지고 있을 대표적인 상처 연고의 광고 카피입니다. '상처엔 처음부터 후~' 라는 카피를 살펴봅시다. 상처가 나면 여러 연고 중에 우리 제품을 제일 먼저 떠올리라는 메시지 같기도 하고, 상처가 났을 때 입으로 '후~' 불어주는 것과 제품명 앞글자가 같다는 것에 착안해서 제품명을 더욱 잘 기억나도록 하는 의도도 보입니다.

상처 연고는 워낙 종류가 많고 '마데카솔'이라는 강력한 경쟁품이 있기에 우리 제품의 인지도를 올리기 위한 광고 카피로 보는 것이 설득력이 있지만, 이 카피 역시 제품을 조금 더 자세히 살펴보면 더 구체적인 광고 메시지를 찾을 수도 있습니다.

경쟁 제품이 있을 때 마케팅에서 고려할 전략은 무엇일까요? 여러 방법이 있겠지만 가장 기본은 우리 제품과 경쟁품의 차이점을 알리고 우리 제품이 더욱 뛰어난 부분을 어필하는 것일 겁니다. 예를 들면 '겉으로 보기엔 비슷해 보이지만, 실제로는 어떤 부분이 다르고 이런 점은 우리 제품이 더욱 뛰어납니다'라는 메시지를 말하는 것이지요.

후시딘과 경쟁 제품 마데카솔은 둘다 비슷한 상처 연고로 보이지만, 실제로는 약간의 성분 차이가 있었습니다. 후시딘에는 2차 감염을 막아주는 성분이 들어있고, 마데카솔에는 피부 재생을 도와주는 성분이 있습니다. 그래서 상처 초기에는 항균 작용이 뛰어난 후시딘이 효과적이고, 상처가 아물어갈수록 피부 재생과 흉터를 예방하는 마데카솔이 효과적이라고 합니다(참고로 마데카솔은 이후 다른 성분을 배합한 제품도 출시했습니다).

이렇게 제품에 대해 좀 더 자세히 알고 난 후에 다시 카피를 살펴보면 왜 그렇게 작성했는지 새로운 관점으로 이해가 됩니다. 우리 제품은 상처 초기에 바르면 더 효과적이라는 것을 알리기 위해 '상처엔 처음부터 후~'라는 카피를 썼던 것이겠지요. 복잡하고 어려운 성분 이야기는 빼고 상처가 나면 일단 우리 제품부터 바르면 좋다는 것을 쉬운 카피로 작성했던 것입니다.

출처: 후시딘, 상처엔 처음부터 후~ 카피 광고

그럼 그 메시지를 누구에게 알리려고 했을까요? 어떤 사람이든 상처가 나서 연고를 발라야 하는 경우는 꼭 생길 테니 특정 범위의 타깃이 아니라 모든 사람을 대상으로 만든 광고 메시지라고 보는 것이 맞을 겁니다.

직접 바르려고 연고를 구입하는 사람에게도, 아이에게 발라주기 위해 연고를 구입하는 부모에게도, 집에 상비약을 구비해 두려는 사람에게도 '상처 초기에는 비슷한 상처 연고 중에 우리 제품이 매우 효과적이다'라는 메시지를 알리고 싶었을 겁니다.

☑ 광고를 거꾸로 보면, 시장을 제대로 볼 수 있습니다.

어떤 회사든 비용이 지출되었다면 아무리 적은 금액이라도 그 사용처와 증빙 자료가 확실해야 합니다. 비용이 사용된 목적과 지출 과정이 불투명한 것은 절대로 승인하지 않는다는 것이지요. 비용뿐만 아니라 인력과 시간의 관리도 똑같이 목적과 과정이 분명치 않다면 조금의 낭비도 허용하지 않습니다.

광고도 그와 똑같습니다. 대중의 입장에서는 하루에도 수십 번 스쳐 가는 광고이지만 모든 광고는 인력과 비용, 시간이 투자되는 것이기에 어떤 회사에서도 '그냥' 만드는 곳은 없습니다.

아무리 작은 규모의 광고도 그것을 통해 알리고 싶은 메시지와 우리가 타깃으로 삼는 대상이 정해진 상태로 만들어집니다. 그 후에 광고가 대중에게 그 의도대로 전달되었는지는 그다음에 평가받게 되고요. 그렇기 때문에 실제 집행된 광고를 거꾸로 살펴보는 것은 광고와 카피라이팅을 공부하는 데 있어서 매우 효과적인 방법입니다.

마치 추리소설의 탐정처럼 실제 집행된 카피를 읽어보고 시간을 거꾸로 돌려서 최초에 광고를 기획할 때 어떤 광고 메시지를 카피에 담으려고 했는지, 그 메시지를 보낼 타깃은 누구였는지를 역추적하다 보면 카피라이터의 역할을 간접 경험하면서 '이 제품의 특징을 이런 카피로 표현했구나'라고 느끼게 될 겁니다. 특히 **자신의 업무가 포함된 카테고리의 광고들**을 거꾸로 살펴보면 전체 시장의 흐름이나 경쟁사의 의도들을 파악하는 데 큰 도움을 받을 수도 있습니다.

다시 정리하면 카피라이팅은 **메시지**(하고싶은 말)를 써 놓고, 더 잘 들리게 **워싱**(단어 교체)하는 과정입니다. 지금까지 메시지를 왜 먼저 작성해야 하고, 어떻게 작성하는지 함께 알아보았습니다. 이어지는 장에서는 우리가 만든 광고 메시지를 더욱 잘 들리는 **카피**로 변환하는 과정을 함께 배워 보겠습니다.

✅✏ **POINT DAY 3 핵심 요약**

☑ 카피를 쓰기 전에 광고 메시지를 꼭 먼저 작성한다.
☑ 광고 메시지는 누구에게 어떤 이야기를 할지 정하는 것이다.
☑ 광고 메시지에 정답은 없지만, 대상과 내용이 구체적일수록 좋다.

DAY

4

그림으로 쓴 카피는 잘 들린다

카피를 쓸 때
그림이 왜 필요한가요?

✍️ 신입 카피라이터가 자주 하는 두 가지 실수

"오늘 회의 준비를 안 해왔네?"

광고대행사에서 카피라이터로 일했던 초년생 시절 며칠 동안 밤잠을 줄이고 준비해 간 첫 회의에서 들은 첫 번째 피드백이었습니다. 심지어 준비한 아이디어 문서를 펼치면서 설명을 막 시작하려던 순간에 들었던 말이었지요. '아직 어떤 아이디어인지 설명도 하기 전에 그런 피드백을 들었다고 하니 너무한 거 아닌가?'라는 생각이 들 수도 있겠지만, 돌이켜 생각해 보면 저는 당시 들었던 말처럼 제대로 회의 준비를 안 한 것이나 마찬가지였습니다.

나중에 알게 됐지만 그때 제가 했던 실수는 두 가지였습니다. 첫 번째 실수는 며칠 동안 생각한 여러 아이디어 중에서 제일 괜찮다고 생각한 아이디어 세 개만을 추려서 가져간 것이었습니다. 아이디어는 **화학 작용**이 일어나기에 여러 사람이 함께 머리를 맞대다 보면 생각지도 못한 방향으로 풀리기도 합니다. 그렇기 때문에 아이디어 회의에는 화학 작용이 일어날 **재료**를 많이 가져가는 것이 더 중요하지요.

하지만 그때 저는 스스로 아이디어를 걸러냄으로써 화학 작용이 일어날 여지를 없앤 것이었습니다. 그 후로 아이디어는 질보다 양을 우선시했고, 보통 50개에서 100개 정도의 아이디어를 거의 '던지듯이' 준비해서 가져갔습니다.

두 번째 실수는 그림 없이 카피만 썼다는 것이었습니다. 제가 일했던 회사에서 '아이디어'는 카피 한 줄과 그림 한 장이 세트였습니다. 카피만 있는 아이디어나 그림만 가져 온 아이디어는 반쪽짜리로 취급했지요. 이건 카피라이터와 디자이너 둘 다에게 적용되어서 카피라이터도 카피에 붙일 그림을 찾아와야 했고, 디자이너도 그림에 붙일 카피를 써 와야 했습니다. 사실 지금이야 당연한 일이지만 카피라이터 초년생 시절엔 비효율적인 방식이라고 생각하기도 했습니다. 카피라이터가 그림을 찾을 시간에 카피를 더 고민하는 게 좋다고 생각했고, 디자이너도 굳이 카피까지 써 와야 하는 게 맞는지 의문이 들기도 했지요. 카피와 그림을 함께 생각해야 한다는 걸 제대로 깨닫기까지는 조금 더 시간이 필요했습니다.

✍ 그림을 보고 떠오른 카피는 더 잘 읽힌다

그로부터 시간이 어느 정도 흐른 뒤, 조금씩 카피라이터 업무에 익숙해지고 있었지만 카피를 쓰는 것만큼 어려운 일이 적절한 그림을 찾는 일이었습니다. 주로 카피를 미리 써 놓고 구글이나 스톡 이미지 사이트를 검색하여 카피에 붙일 그림을 찾았는데 어떨 때는 카피 쓰는 시간보다 그림 찾는 시간이 더 걸리기도 했습니다.

함축적인 의미와 다양한 뉘앙스를 담고 있는 카피에 딱 맞는 그림을 찾는 게 어려웠기 때문이지요. 시간이 지날수록 그림을 찾는 일은 작업에서 노동으로 바뀌고 있었고, 나중에는 카피 없이 그림만 먼저 수십 장을 찾아 놓고 그 뒤에 카피를 완성하고 나서 적당한 그림을 붙이곤 했습니다.

그런데 언제부터인가 미리 찾아 놓은 그림을 카피에 붙일 때 카피를 다시 수정하는 일이 많아졌습니다. 카피만 있었을 때는 생각을 못하고 있다가 막상 그림을 붙이고 보니 새로운 단어가 떠오르거나, 아예 카피를 다시 쓰는 경우가 생겼습니다. 그렇게 고치고 나면 카피도 더 살고 그림과도 잘 어울려 보였지요.

그리고 종종 미리 찾아 놓은 그림을 보다가 갑자기 새로운 카피가 떠오르기도 했습니다. 이유는 몰랐지만 그렇게 떠오른 카피들은 더 잘 읽혔고, 함께 배치한 그림과 시너지가 생기기도 했습니다. **그리고 무엇보다 만족스러운 카피가 쉽게 나오고 속도가 빨랐습니다.** 늘 카피 아이디어를 찾는 데 어려움이 많았던 초년생 때라 나중에는 아예 그림을 먼저 잔뜩 찾아 놓고 거기서 카피 아이디어를 찾을 때가 점점 많아졌지요. 그 당시엔 카피를 효율적으로 쓰는 꼼수 정도로만 생각했는데 사실 나만의 카피라이팅 작법이 만들어지고 있던 과정이었고, 그것이 바로 **비주얼 라이팅**의 시작이었습니다. 아마 대부분의 사람들은 **그림(이미지)을 보고 카피를 쓴다**는 것이 낯설게 느껴질 거라 생각합니다. 카피를 쓰기 위해 영화, 드라마, 소설을 참고했다는 이야기는 들어봤어도 이미지를 찾아봤다는 이야기는 거의 듣지 못했을 테니까요. 하지만 그림도 영화, 드라마, 소설을 참고하여 카피를 쓰는 것과 크게 다르지 않습니다.

서로 다른 카테고리를 참고하는 것은 아이디어를 떠올리는 데 있어서 적당한 자극을 주기에 생각이 쉽게 확장된다는 장점이 있습니다. 글을 쓰기 위해 글을 참고하는 것보다 그림을 참고하는 것이 우리의 뇌를 훨씬 더 자극하고 발상도 자유로워집니다.

몇 년간 진행해 온 카피라이팅 강의에서도 수강생들이 그림을 보고 카피를 쓸 때 아이디어가 더 좋아지고 발상의 확장성이 좋았습니다. 심지어 쓰는 속도도 빨라졌지요. 그리고 앞에서 설명했듯 **우리의 목적은 소비자들에게 잘 들리게 카피를 쓰기 위해 머릿속에 그림이 그려지도록 쓰는 것입니다.** 그럼 아예 그림을 보고 쓴다면 머릿속에 그림이 더 잘 그려질 거라는 것은 당연한 사실이겠지요.

✅ 뻔한 이야기를 다르게 쓰는 방법

실무에서 활용할 수 있는 구체적인 방법은 뒤에 다시 설명하겠지만, 그림을 보고 카피를 쓴다는 것이 어떤 건지 이해를 돕기 위해 실제 사례를 먼저 소개하겠습니다. 광고대행사의 주 업무 중에는 **경쟁 PT**라는 것이 있습니다. 광고를 만들고 싶은 광고주가 여러 광고대행사를 경쟁시켜서 가장 좋은 광고 기획안을 가져온 대행사에 일을 맡기는 과정을 말하지요. 광고대행사에서는 가장 중요하게 여기는 업무 중에 하나입니다. 제가 광고대행사에서 근무하던 시절에 의자 브랜드의 경쟁 PT를 준비할 때가 있었습니다. 곧 있을 아이디어 회의를 위해 평소처럼 의자 사진만 잔뜩 모으고 있었지요.

그러다 웹 검색에서 우연히 재밌는 사진을 발견했습니다. 왠만한 건물 크기로 만들어진 의자였는데 겉모습만 의자였지 사실상 의자 형태로 만든 건축물이었습니다. 흔하게 볼 수 없는 특이한 장면이어서 나중에 활용할 수 있을 거 같아 바로 저장했습니다. 그러고도 한참 동안 의자 사진들을 찾았고, 이 사진은 제 머릿속에서 점점 희미해졌습니다.

독일 에슈보른 지역의 가구점에 설치되었던 조형물 사진(출처: https://mapio.net/pic/p-8361065/)

얼마 뒤 광고주로부터 의자를 생산하는 공장을 직접 와서 참관을 했으면 좋겠다는 요청을 받고 제작팀 모두가 의자 공장으로 향했습니다. 공장 관계자분께서 열심히 설명해 주셨지만 결론은 의자를 정말 튼튼하게 만들어서 품질이 좋고 불량률도 적다는 극히 교과서적인 이야기였지요. 공장을 다녀온 후 머리는 더 복잡해졌습니다. '튼튼하고 좋은 품질의 의자'라는 팩트는 좋은 이야기였지만, 광고 카피의 재료로 쓰기에는 어딘가 임팩트가 부족했습니다. 그 정도의 이야기로는 소비자들의 시선을 잡기 어려웠습니다. 결국 그 당연한 이야기를 어떻게 카피로 풀어내느냐가 관건이었지요.

그러다가 우연히 며칠 전에 찾았던 그 의자 건물 사진을 다시 보게 되었습니다. 그 순간 갑자기 머리 속에 퍼뜩 이런 생각이 떠올랐습니다. '튼튼하고 좋은 품질의 의자를 만든다는 것을 마치 건물을 짓는다는 개념으로 빗대어 말하면 어떨까?' 그 의자 건물 사진을 PPT에 올리고 그 아래 이런 카피를 썼습니다.

"의자를 짓습니다."

결론부터 말하자면 이 카피는 결국 세상의 빛을 보지 못했습니다. 하지만 회사 내부에서는 반응이 나쁘지 않았습니다. 가장 잘 쓴 카피까지는 아니더라도 튼튼하고 좋은 품질의 의자를 만든다는 제품의 팩트를 소비자가 이해하기 쉽게 카피로 풀었던 것 같습니다. 그때 저는 스스로에게 이런 질문을 했었지요. '내가 만약 의자 건물 사진을 찾지 못했었다면 난 이 카피를 쓸 수 있었을까?', '그림 없이 글로만 아이디어를 생각했다면 이 카피가 나올 수 있었을까?' 이 카피는 정말로 그림을 보고 쓴 카피였고, 그것이 바로 비주얼 라이팅이었습니다.

> **Note** **아이디어는 항상 '글+그림' 세트로 정리합시다**
>
> 광고 제작뿐만 아니라 '아이디어'가 필요한 모든 업무에서 글과 그림을 한 세트로 구성하는 건 꽤 효과적입니다. 만약 신규 상품 혹은 서비스 기획을 위한 아이디어를 구상한다면 내가 생각한 아이디어와 잘 어울리는 그림을 꼭 찾아서 붙여봅시다.
>
> 때로는 어떤 아이디어는 떠오르는 이미지 자체가 없거나 어울리는 그림을 찾기 어려울 수도 있습니다. 그렇다면 내 아이디어가 구체적이지 않거나 직관적이지 않다는 의미일 수도 있습니다. 그런 아이디어라면 다른 사람들도 제대로 이해를 못하거나 설득하지 못할 확률이 높습니다. 반대로 내 아이디어와 잘 붙는 그림을 발견했다면 글과 그림이 시너지를 일으켜 아이디어가 더욱 견고해지고 강력한 설득력을 가질 수 있을 것입니다.

LESSON 02 비주얼 라이팅 이해하기

☑ 글과 그림은 연결되어 있다

회사에서 업무를 할 때 기획팀이 디자인을 마음대로 바꾸거나, 디자인팀이 기획서를 직접 작성하는 상황을 상상할 수 있나요? 대부분의 회사에서 다른 팀의 업무에 직접적으로 개입하는 것은 큰 결례이자 금기 사항입니다. 특히 글을 다루는 부서와 그림(디자인)을 다루는 부서는 그 구분이 더욱 엄격한 곳이 많습니다.

우리는 언제부터 이렇게 글과 그림을 구분하기 시작했을까요? 사실 유년시절에는 글과 그림을 구분하지 않았습니다. 유치원은 물론이고 초등학교 저학년까지도 글과 그림은 늘 실과 바늘처럼 붙어있었습니다. 유치원 시절 읽었던 **그림 동화책**과 글만큼 그림도 많았던 초등학교 1학년 교과서를 떠올려 봅시다. 글을 제대로 이해하지 못할 때 그림이 글의 역할도 함께 해줬던 것이었지요. 그러다 국어 과목과 미술 과목이 따로 있었던 청소년 시기부터 글과 그림을 구분하기 시작하고, 대학을 졸업하고 회사를 다니면서는 그 구분이 더 심해지게 됩니다.

흔히 기획팀과 디자인팀 혹은 마케팅팀과 디자인팀은 마치 물과 기름처럼 서로 완전히 별개의 분야로 구분하여 생각합니다. 분명 분업화와 전문화는 오랜 세월 그 효과가 충분히 검증된 방식입니다. 하지만 우리가 만들어내야 하는 새로운 아이디어, 상품, 서비스들은 글과 그림을 구분하지 않는다는 것을 생각해 보아야 합니다.

대중에게 큰 영향력을 주는 유튜브, SNS 등의 매체는 아예 기본 형식이 글＋그림으로 되어 있습니다. 유튜브는 **영상＋자막**이라는 포맷을 기본으로 하고, 그 영상 콘텐츠를 누르게끔 하는 **썸네일**도 **사진＋카피**의 포맷으로 되어 있지요. 각종 **SNS 게시물**과 **카드뉴스** 또한 **사진(그림)＋글**로 구성되어 있습니다. 앞으로 글과 그림을 함께 다뤄야 하는 분야는 더욱 많아질 것입니다.

글을 잘 모르는 유년시절에 그림은 어찌 보면 글의 한 종류였습니다. 제가 소개하는 **비주얼 라이팅**도 바로 이 지점에서 시작합니다. 글과 그림을, 종류는 다르지만 둘 다 **언어**로 생각하는 것이지요. 마치 한국어와 영어의 관계처럼 생각하면 쉽습니다. 언어라는 공통점은 있지만 서로 다른 소리와 어법을 가지고 있는 2개의 언어라고 생각해 봅시다. 예를 들면 누군가는 한국어(글)에 자신 있고, 누군가는 영어(그림)에 소질이 있는 것입니다. 소리와 어법은 다르지만 둘 다 언어이기에 이것으로 의사소통을 할 수 있다는 공통점이 있고, 무엇보다 서로 **번역**이 가능합니다. 자, 이렇게 말해도 글과 그림을 서로 번역한다는 게 아직은 막연할 수 있습니다. 다음 페이지에서 간단하게 실습을 하면서 더 자세히 이해해 볼까요?

☑️ 글-그림 번역 연습하기

지금 여러분의 눈앞에 주먹 크기로 둥글게 구겨진 종이 이미지가 있습니다.
이 이미지에 **제목**을 붙여준다면 무엇이라고 쓸 수 있을까요?

🖊 PRACTICE 그림 → 글 바꿔보기

Q 이미지를 보고 아래에 자유롭게 떠오른 단어들을 적어봅시다.

카피라이팅 강의에서 실습해 보면 일반적으로 이러한 답변들이 나옵니다.

- 쓰다가 구겨버린 이력서 또는 사직서
- 연애편지
- 복잡한 머리

이러한 제목들이 바로 그림을 글로 번역한 것입니다.

📝 그림-글 번역 연습하기

반대의 경우도 똑같습니다. 만약 '정말 맛있다'라는 글을 그림으로 번역한다면 어떤 **이미지**를 찾을 수 있을까요? 혹은 어떤 **장면**을 떠올릴 수 있을까요? 아래에 자유롭게 이미지를 붙이거나 간단한 그림을 그려봅시다.

✏️ PRACTICE 글 → 그림 바꿔보기

Q '정말 맛있다'라는 글을 사진이나 그림으로 번역한다면 어떤 이미지를 찾을 수 있을까요?

강의를 하면 수강생들은 이렇게 그리거나 표현했습니다.

- 식당 앞에 길게 늘어선 대기 줄이 늘어선 그림
- 오후 2시에 '재료 소진으로 영업을 종료한다'는 안내문 사진
- 설거지를 이미 한 것처럼 깨끗하게 비워진 그릇 이미지

저는 이것을 **글-그림 번역**이라고 부릅니다. 이 정도의 기본 연습을 이해할 수 있다면 비주얼 라이팅을 이미 절반 이상 해낸 것입니다.

☑ 아이디어는 글과 그림을 구분하지 않는다.

글과 그림을 구분하지 않고 활용한 사례는 이미 오래 전부터 있었습니다. 메이슨 커리의 《리추얼》(책읽는수요일, 2014)을 읽어보면, 영국의 작가 찰스 디킨스는 매일 3시간씩 시골 길이나 런던 시내를 산책하며 소설 줄거리를 구상했다고 하지요. 그는 '내가 표현할 그림들을 찾고 다녔다'고 말합니다. 예를 들어, 길거리에서 마주치는 다양한 장면(예컨대 상인과 손님이 흥정하는 장면, 행인끼리 말다툼하는 장면, 젊은 연인들이 애정 표현을 하는 장면)들을 **머릿속 이미지**로 담아와서 책상에 앉아 글로 풀어 썼다는 것이지요.

또한 카피 없이 이미지로만 표현하는 해외 광고, 환경단체 광고들도 비슷한 예시로 볼 수 있습니다. 광고에 주목하게 만들기 위해서 또는 전 세계에 언어 장벽 없이 광고하기 위해서 카피(글)로 말해야 할 내용까지도 전부 이미지(그림)로 번역시켜서 표현했기 때문입니다.

그린피스 광고

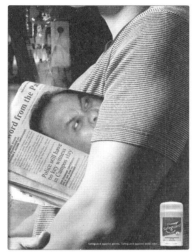

카피가 없는 데오드란트 해외 광고

물론 글과 그림의 역할이 완전히 똑같다는 것이 아닙니다. 분명 글과 그림은 많은 차이가 있습니다. 다만 구분은 하되 서로가 **연결**되어 있음을 알아야 한다는 것입니다. 글과 그림을 연결할 줄 아는 순간부터 우리의 생각과 아이디어를 두 개의 언어로 만들어 내는 것이기에 더욱 넓고 깊어질 수 있습니다.

비주얼 라이팅
실전 연습

✏️ 그림으로 카피를 찾기 전 준비 사항

우리는 이제 글과 그림은 연결되어 있고, 서로 번역이 가능하다는 것을 알게 되었습니다. 이제 본격적으로 그림으로 카피를 쓰는 방법을 알아봅시다. 우리의 목적은 머릿속에 그림이 그려지는 카피를 쓰는 것입니다. 카피는 단어의 합으로 이뤄져 있기에 각 단어들이 '그림이 그려지는 단어'일수록 전체 카피 역시 머릿속 그림이 쉽게 그려집니다. **카피라이팅에서 어떤 단어를 선택할 것인가는 매우 중요한데 그림을 보고 카피를 쓰게 되면 좋은 단어들을 찾아내기 쉬워집니다.**

예컨대 '슬픔'이라는 단어보다는 '눈물'이라는 단어가 머릿속 그림이 훨씬 쉽게 그려지고 잘 들립니다. 하지만 실제 업무에서 머리로만 아이디어를 떠올리면 추상적, 개념적으로 접근하기 때문에 눈물보다는 슬픔이 먼저 떠오르게 되고, 잘 들리는 카피를 쓰기 어려워지는 것이지요. 그렇기에 그림을 보고 카피를 쓰게 되면 큰 노력을 애써 하지 않더라도 우리 머리는 슬픔보다 눈물을 먼저 떠올리게 됩니다.

☑ 운동화 카레고리의 이미지 찾기

지금부터는 '오래 신어도 발이 피곤하지 않은 운동화'를 광고할 카피를 쓴다고 가정을 해 보고 비주얼 라이팅 실습을 하겠습니다. 제일 먼저 해야 할 것은 운동화와 관련된 그림을 최대한 많이 찾아보는 것입니다. 앞서 아이디어는 예상치 못한 지점에서 서로 화학 작용이 일어나기 때문에 지금은 질보다 양이 중요하다고 했었지요. 이건 여러 명이 회의할 때 뿐만 아니라, 혼자서 아이디어를 찾을 때도 마찬가지입니다.

> **Note** 다양한 이미지를 찾을 수 있는 사이트
>
> 그림을 찾는 곳은 주로 스톡 이미지 사이트와 포털 검색 사이트입니다. 각 사이트마다 조금씩 특징이 있어서 어느 한 곳에서만 찾기보다는 여러 사이트를 모두 훑어보는 걸 권합니다. 아래에서 소개하는 사이트를 우선적으로 추천합니다.
>
> • 게티이미지코리아(https://mbdrive.gettyimageskorea.com)
> • 언스플래쉬(https://unsplash.com/)
> • 구글 이미지검색(https://www.google.co.kr)

게티이미지코리아 사이트

일단 '오래 신어도 발이 피곤하지 않다'는 팩트는 잠시 잊고, 운동화라는 카테고리에 있는 모든 이미지를 훑어본다는 마음으로 그림을 찾아봅시다. **언스플래쉬** 사이트에서 'shoes'라고 검색을 해 봅시다.

언스플래쉬 사이트

매우 많은 양의 사진이 검색될 텐데요. 대부분의 사진은 평범한 운동화 사진이라 아이디어를 얻기엔 큰 도움이 안 됩니다. 이때부터는 끈기를 가지고 페이지를 넘겨 가며 아이디어가 될 만한 사진을 찾아봐야 합니다. 검색어도 'shoes' 한 개만 찾아보지 말고, 다른 검색어도 넣어봅시다.

Note 검색어를 어떻게 써야 할지 막막할 때는 태그를 활용합시다.

만약 다른 검색어를 어떻게 써야 할지 막막하다면, 이미 검색한 사진들의 '태그' 단어를 주목해 봅시다. 스톡 이미지 사이트에 올라온 사진들은 모두 '태그'가 여러 개 걸려있습니다. 그 태그들을 참고하면 대체할 수 있는 검색어를 찾기 쉬워집니다. 다른 태그들을 살펴보면 'running shoes'와 'sneakers' 등 적당한 검색어도 발견할 수 있습니다.

✏️ 저장할 그림 선택하고 임시 카피 만들기

수많은 그림들 중에서 픽업을 해야 하는 그림은 **낯설음**과 **스토리**가 있는 것들입니다. 함께 있어야 할 것들이 아닌데 함께 배치를 했거나, 일반적으로 통용되지 않는 것들이 담겨 있는 그림, 또는 메시지와 스토리를 담고 있는 그림들이 카피 아이디어의 재료가 될 확률이 높습니다. 쉽게 말해 특이하고 재밌는 그림을 발견했다면 고민없이 저장하도록 합시다.

스토리가 있는 이미지 1, 2(Unsplash에 있는 Ryan Plomp 그리고 Tamas Pap의 사진들)

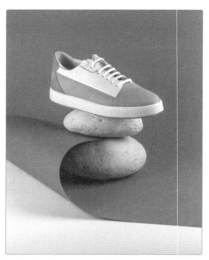

스토리가 있는 이미지 3(Unsplash에 있는 Mojtaba Fahiminia의 사진)

위 사진들은 제가 실제로 언스플래쉬에서 'shoes' 검색어로 찾은 이미지입니다. AIR라는 마크가 있는 운동화가 공중에 떠있는 이미지[1], 하늘을 향해 걷듯이 두 발을 뻗은 이미지[2], 두 개의 둥근 돌 위에 운동화가 있는 이미지[3]까지 **낯섦음**과 **스토리**가 보이고 나중에 글로 번역시키는 과정에서 화학 작용이 충분히 생길 수 있는 이미지입니다.

이제부터는 이렇게 찾은 그림을 보고 글로 **번역**하는 작업을 시작하면 됩니다. 그림을 글로 번역할 때는 우리가 드러내고자 하는 광고 메시지를 염두에 두고 번역을 해야 합니다. 직역이 아니라 **의역**을 하는 것이지요. 그림을 보이는 그대로 글로만 번역한다면 그것은 카피의 재료가 되기 어렵습니다. 카피로 쓰고자 하는 광고 메시지를 그 그림에 투영시켜서 번역해야 원하는 결과를 얻을 수 있지요.

우리는 '오래 신어도 발이 피곤하지 않다'는 광고 메시지로 카피를 써야 하기에 아까 찾은 그림을 다시 찬찬히 보며 그 메시지를 어떻게 넣을 수 있을지 고민하면서 번역해 봅시다.

설명으로만 들어서는 이해가 어려울 수 있으니 실제로 그림을 글로 번역하는 과정을 함께 살펴보겠습니다. 먼저 혼자서 연습해 볼까요?

언스플래쉬에서 찾은 '운동화' 이미지

이미지를 보고 어떻게 이 상황을 글로 번역하면 좋을지 고민해 보셨나요? 처음에는 아래 내용처럼 가볍게 아이디어를 적어도 좋습니다.

- 하늘을 나는 운동화?
- 그네 타는 중?
- 운동화 신고 하늘 자전거 하기?

저는 땅이 아닌 하늘을 향해 두 발을 뻗은 그림을 보고 '하늘을 걷듯이 편안한 신발'이라는 메시지가 생각났습니다. 딱딱한 땅이 아니라 푹신푹신한 구름을 걷는 느낌이라고 표현하는 건 어떨까요? 일단 지금은 완성된 카피를 쓰는 게 아니라 카피 아이디어들을 뽑는 단계이니 '하늘을 걷는 신발', '하늘을 밟는 느낌'이라는 러프한 카피를 이 그림에 붙여봅니다. PPT 슬라이드에 그림을 올리고 **그 옆에 러프한 카피라도 꼭 붙여 놓읍시다.**

PPT 슬라이드에 이미지를 올리고 임시 카피를 쓰자

다른 이미지도 이어서 PPT에 삽입합니다. 이 이미지는 신발이 공중에 떠 있는 게 신기하고 낯설음을 느낄 수 있어서 픽업한 그림이었습니다. 처음엔 '공중에 떠서 걷는다'는 메시지를 떠올렸지만 구체적이지 않은 것 같아 고민이 되던 즈음에 갑자기 'AIR'라는 마크가 눈에 들어왔습니다. 유명한 운동화 브랜드의 모델 이름이지만, 공중에 떠 있는 운동화를 보고 갑자기 떠오른 것은 ○○AIR, ○○항공과 같은 비행기였습니다.

그럼 '마치 비행기를 타듯이 편안한 운동화'라고 하는 건 어떨까요? 먼저 '비행기처럼 편한 운동화'라고 써 보고, 조금 더 수정을 하다가 '목적지까지 편안하게 모시겠습니다. NIKE AIR'로 다시 썼습니다. 마치 공중에 떠 있는 운동화를 비행기로 비유하여 쓴 것입니다. 당장 나온 카피도 중요하지만 **'편한 운동화=비행기 탑승'처럼 두 개념을 엮었다는 것도 유의미한 발견이 됩니다.** 이 아이디어도 나중에 더욱 확장될 여지가 많기 때문입니다.

다음 그림을 살펴봅시다. 이 그림은 찾았던 그림 중에 가장 눈에 띄는 그림이었습니다. 돌 위에 운동화를 올려 둔 낯선 장면이 상당히 비주얼적으로 신선한 충격을 주고 있었기에 재밌는 번역으로 이어질 확률이 높아 보였지요. 처음 글로 번역을 한 것은 '돌 위를 걷는 운동화'였습니다. 사실 이건 그림을 보고 글로 직역한 것과 다름없었고 '편안한 운동화'라는 메시지와도 맞지 않았습니다.

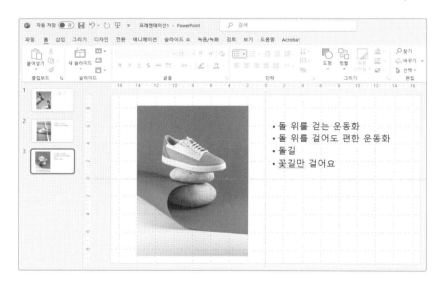

돌과 운동화를 어떻게 엮어볼까 고민하다가 이번에는 '돌 위를 걸어도 편안한 운동화'가 떠올랐습니다. 메시지는 맞았지만 너무 밋밋해 보였습니다. 그러다 '돌길'이라는 단어가 떠올랐고 자연스럽게 '꽃길'이라는 단어까지 생각이 연결됐었지요. 순간 **이제 돌길만 걸어요**라는 카피가 생각났습니다. 많은 사람들이 알고 있는 '꽃길만 걸어요'라는 카피에서 단어만 살짝 바꾼 것입니다.

그렇게 처음 나온 였던 '돌 위를 걸어도 편안한 운동화'를 좀 더 **카피스럽게** 바꾼 것입니다. 그리고 돌과 돌길이라는 개념도 나중에 충분히 확장될 여지가 있는 아이디어이기에 잘 저장해 두면 좋습니다.

예시로 소개한 3개의 그림에서 뽑아낸 카피 아이디어를 다시 살펴봅시다. 일단 카피에 쓰인 단어들이 모두 '눈에 잘 보이는 단어'들입니다. 숙련된 카피라이터가 아니더라도 그림을 보고 글로 번역하면 누구라도 자연스럽게 눈에 보이는 단어를 쓸 수밖에 없습니다. 그리고 애초에 **낯설음**과 **스토리**가 있는 그림을 찾았기에 맨땅에서 카피 아이디어를 찾는 것보다 훨씬 수월하고 속도도 빠릅니다.

✅ 휴식하고 수정을 반복하기

이렇게 그림을 글로 '1차 번역'을 하고 나면, 잠시 머리에 휴식을 주는 게 중요합니다. 아이디어 작업은 학창 시절의 공부와 달라서 인풋이 들어간 만큼 정확하게 아웃풋이 나오지 않습니다. 앞에 설명한 작업의 한 사이클이 끝났다면 잠시 내려두고 다른 일을 하면서 잠시 머리를 비워주는 게 좋습니다. 시간을 잠시 두었다가 다시 지금까지의 작업물을 살펴보면 다른 시선으로 보이는 부분이 반드시 생깁니다.

새로운 단어가 떠오르거나, 기존 카피를 좀 더 날카롭게 바꿀 수 있는 아이디어가 생길 수도 있습니다. 이런 **휴식하고 수정** 작업은 여러 번 할수록 좋습니다. 시간이 부족하다면 혼자서 하기보다, 현재까지 작업한 카피 아이디어를 다른 팀원들과 공유하여 함께 반복하는 것도 좋습니다.

만약 앞서 작업한 것을 곧바로 카피로 완성시킨다면 아래와 같은 모습이 될 것입니다. 실제 상황에서는 더 워싱을 해서 다듬을지, 여기서 카피로 완성할지는 쓰는 사람에게 달려있습니다. 주어진 시간과 작업 목적을 생각하여 앞으로의 진행 여부를 결정합시다.

비주얼 라이팅으로 카피를 만든 예시

POINT DAY 4 핵심 요약

☑ 글과 그림을 연결 지으면 더 생생한 아이디어가 나온다.
☑ 글과 그림을 각각 하나의 언어로 생각하고 번역 연습을 하자.
☑ 비주얼 라이팅 연습은 휴식하고 수정을 반복하자.

뻔하지
않으려면
경험을 써라

경험만큼
생생한 그림은 없다

☑️ 경험에서 카피 아이디어를 찾는 이유

지금까지 카피를 쓰기 전에 광고 메시지를 먼저 작성하고, 그 메시지를 카피로 다시 쓰기 위해 **그림**에서 아이디어를 찾는 방법을 배웠습니다. 이번엔 카피를 쓰는 두 번째 방법으로 **경험**에서 아이디어를 찾는 방법을 알아보도록 합시다. 카피 아이디어를 그림에서 찾는 것과 경험에서 찾는 것은 얼핏 듣기에 서로 다른 방법이라고 생각할 수도 있습니다. 하지만 사실 두 방법은 같은 줄기에서 나누어진 방법이라고 보는 게 맞습니다.

우리는 무언가를 경험하면 그것을 '기억'이라는 이름으로 머릿속에 저장해 둡니다. 그러고 나서 그 기억을 다시 꺼내면 우리 머릿속엔 그 기억의 **여러 장면**이 떠오릅니다. 무더운 여름에 다녀온 여행, 산뜻한 바람을 맞으며 마셨던 커피 한 잔, 소중한 가족과 즐겁게 식사를 했던 시간, 쉽지 않았지만 무사히 끝낸 업무 프로젝트까지 모든 경험은 우리 머릿속에 **장면**과 **그림**으로 저장됩니다. 잘 생각해 보면 경험만큼 생생한 그림도 없지요.

결국, 그림에서 카피 찾기와 경험에서 카피 찾기 모두 카피로 옮길 **그림**을 찾는 것인데 전자는 **웹**에서 그림을 찾는 것이고, 후자는 자신의 **머릿속**에서 그림을 찾는 것입니다. 경험에서 카피 아이디어를 찾는 방법은 사실 저에게 카피라이팅을 처음 가르쳐주신 선생님께서 알려준 방법이기도 합니다. 선생님께서는 카피라이팅 강의 첫 시간에 이런 말씀을 하셨습니다.

> "인터넷 같은 외부에서 아이디어를 찾지 말고
> 내 안에서 답을 찾도록 하세요."

분명 그렇게 말씀하실 만한 이유가 있을 거라 생각했지만 사실 그 당시 저에겐 이해하기 힘든 이야기였습니다. 새로운 아이디어를 찾을 때는 웹 검색부터 하는 게 너무나도 당연했기 때문이지요. 오히려 어디서 검색을 하면 좋을지, 어떤 검색어를 쓰는 게 효과적일지를 고민했으니까요. 그럼 인터넷이나 책에서 아이디어를 찾지 않는다면 어디서 아이디어를 찾아야 하는 걸까요? **결론부터 말하자면 선생님께서 말씀하신 내 안에서 아이디어 찾기는 나의 경험에서 아이디어를 찾으라는 뜻이었습니다.** 나에게 **저장된 경험**에서 마치 웹 검색을 하듯이 카피와 관련된 주제들을 찾아보면 거기에 좋은 아이디어가 있을 거라는 말입니다.

실제로 그 강의를 듣고 카피라이터가 된 후에 지금까지 카피를 쓰고 강의를 하면서 느낀 건 경험은 정말로 좋은 카피 재료라는 것입니다. 그리고 경험에는 꼭 **직접 경험**만 있는 게 아닙니다. 우리의 **간접 경험** 역시 아주 훌륭한 카피 아이디어가 될 수 있습니다.

책을 읽고, 영화와 드라마를 보고, 웹툰을 보고 심지어 다른 사람들의 이야기를 경청한 것도 모두 간접 경험이 되어 카피의 재료가 될 수 있습니다. 카피라이터처럼 아이디어를 찾는 사람들이 짬이 날 때마다 책과 영화를 보는 이유도 이런 효과 때문입니다.

얼핏 생각하면 책이나 영화, 드라마, 웹툰을 통해 간접 경험하는 것도 결국엔 외부에서 아이디어를 찾는 거 아니냐고 생각할 수도 있습니다. 만약 그것에 있는 **내용을 그대로 가져온다**면, 외부에서 아이디어를 찾은 것이기에 좋은 카피의 재료가 되지 못합니다. 하지만 거기에 있는 내용을 보고 들은 후에 마치 내가 경험을 한 것처럼 **감정을 이입하여 내 안에 저장**할 수 있다면 그것은 직접 경험한 것에서 아이디어를 찾는 것과 크게 다르지 않습니다.

재밌는 이야기는 대부분 경험에서 시작된다

직접 경험이든 간접 경험이든 어떠한 특정 상황과 그때의 감정을 잘 저장할 수 있고, 또 필요할 때 꺼낼 수 있다면 아이디어를 찾는 데 있어서 아주 큰 힘이 됩니다. 애니메이션 제작사 픽사의 제작자들의 이야기를 들어보면 경험이 새로운 아이디어를 얻는 데 얼마나 중요한지 더 알 수 있습니다. 〈몬스터 주식회사〉의 감독을 맡던 피트 닥터Pete Docter는 영화의 최초 기획 단계에서는 몬스터들이 아이들을 놀래키는 직업을 갖고, 직장인처럼 출퇴근하는 모습을 상상했다고 합니다.

하지만 영화가 완성됐을 때 스토리를 끌어가는 중심은 주인공이 아빠가 되어가는 과정이었다고 하면서, 실제로 자신에게 일어났던 일이라고 말했습니다.

아이가 태어나고 나서 서툴지만 좋은 아빠가 되려고 노력했던 자신의 경험을 영화 스토리에 투영시켰다는 말이었습니다. 〈인사이드 아웃〉의 스토리 작가에 참여한 도미 시Domee Shi 역시 자신이 만든 이야기의 거의 모든 아이디어는 경험에서 나온다고 말합니다. 최근에 행복했던 게 언제였는지, 울거나 슬프거나 정말 화가 났던 때는 언제였는지 생각하면서 새로운 이야기를 시작한다고 하지요.

우리는 보통 아이디어가 필요하면 일단 외부로 눈을 돌리게 됩니다. 하지만 좋은 아이디어는 이미 우리 안에 있습니다. 다만 그것을 볼 줄 아는 눈과 찾는 방법을 모를 뿐이지요. 광고나 영화처럼 사람들의 흥미와 관심을 끌어야 하는 아이디어를 만들 때도 이와 같아서 그 시작은 대부분 우리 안에서 시작됩니다. 앞장에서 배운 **그림으로 카피 쓰기**도 결국 나의 경험이 없다면 성립되기 어려운 방법입니다. 아무리 좋은 그림이 눈앞에 있다고 해도 거기에 나의 경험이 투영되어 화학 작용이 일어나지 못한다면 결코 좋은 아이디어는 나오기 힘들 겁니다.

결국, 모든 창의적인 행위의 기본 재료는 경험이고, 우리는 세상을 살아가며 수없이 많은 경험을 축적하고 있습니다. 내 안에 있는 경험이라는 재료를 꺼낼 줄 안다면 분명 좋은 카피를 쓸 수 있습니다.

내 안의 아이디어,
왜 나는 안 보일까?

📝 가방은 가방이요, 의자는 의자로다

앞에서 말한 '내 안에 있는 경험을 재료로 카피 아이디어를 꺼낸다'는 말은 쉬운 이야기처럼 들리지만, 곰곰이 생각해 보면 더 막연하게 들리기도 합니다. 마치 붓 터치 몇 번으로 뚝딱 멋진 그림을 완성한 후 "어때요, 참 쉽죠?"라고 말한 밥 로스 선생님 이야기처럼 말이지요.

사람이라면 누구나 경험을 가지고 있습니다. 그렇다면 누구나 좋은 아이디어를 생각해 낼 수 있어야 할 텐데 실제로는 그렇지 않지요. 스케치북과 연필이 있다고 누구나 그림을 잘 그릴 수 없는 것처럼 말입니다.

저 역시 카피라이팅을 처음 배우던 때 내 경험에서 아이디어를 찾으려고 노력했지만, 너무 뻔한 경험이거나 큰 의미가 없는 단어들만 나열했던 기억이 있습니다. 그러다 보면 서서히 시선이 내부에서 외부로 향하게 되고 마음도 더욱 초조하게 되지요. 이 책을 읽고 있는 분들도 비슷한 경험을 하고 있을지 모르겠습니다. 분명 내 안에 아이디어가 있다는데 왜 나는 보이지 않을까요?

여기 가방이 하나 있습니다. 엉뚱한 질문처럼 들릴 수 있지만, 다음 질문에 꼭 대답해 주시길 바랍니다. 이 가방은 무엇을 할 때 쓰는 물건일까요?

이 가방은 무엇을 할 때 쓰는 물건일까요?

강의 때 이 질문을 하면 항상 똑같은 대답이 나옵니다. 바로 '무언가를 넣을 때' 쓴다고 대답합니다. 똑같은 질문을 한 번 더 해 보겠습니다. 아래 보이는 의자는 무엇을 할 때 쓰는 물건일까요?

이 의자는 무엇을 할 때 쓰는 물건일까요?

이 질문 역시 거의 모든 분이 '앉을 때' 쓴다고 대답합니다. 가방은 물건을 넣을 때 쓰는 거고, 의자는 앉을 때 쓰는 게 당연한 건데 왜 이런 질문을 했을까요? 우리가 내 안에서 아이디어를 찾는 데 어려움을 겪는 이유는 바로 이러한 **생각의 패턴화**의 영향 때문입니다. 우리는 살아가면서 많은 것들을 패턴화합니다. 가방을 보면 물건을 집어넣고, 의자를 보면 앉고, 문을 보면 손잡이를 돌려서 열고, 버스를 타면 교통카드를 태그하고, 집에 들어가면 무의식적으로 신발부터 벗고, 세면대 앞에서는 수도꼭지 손잡이를 올려서 물을 틀지요.

이러한 행동들은 깊게 생각하거나 고민하지 않아도 마치 프로그래밍화된 것처럼 자동으로 행동합니다. 우리가 일상 속에서 하는 행동뿐 아니라 생각하거나 느끼는 것 중에도 **패턴화**된 것들이 정말 많습니다. 그것들은 지금까지 살아오면서 누군가에게 교육받거나 스스로 경험을 통해 몸과 머리에 직접 익힌 것들입니다.

나이가 어릴 때는 기발하고 엉뚱한 생각을 자주 하다가도, 나이가 들수록 새로운 생각을 하기 어려운 것도 이와 똑같은 이유에서 비롯됩니다. 세상을 살아가는 시간이 길어질수록 그만큼 패턴화되는 생각과 행동이 많아지는 것이지요.

하지만 우리에게 이렇게 패턴화된 행동과 생각이 없다면 우리의 일상은 뒤죽박죽이 될 것입니다. 매번 문 앞에서 손잡이를 몇 초간 바라보면서 '문을 어떻게 열지?'라고 고민할 것이고, 버스는 승객이 조금만 몰려도 제시간에 출발하지 못하고, 집에 들어와서도 마치 고장 난 로봇처럼 움직이다 멈췄다를 반복할 것입니다.

생각의 패턴화는 우리가 정상적인 생활을 하는 것에는 큰 도움이 되지만, 우리가 창의적인 생각을 하는 데에는 오히려 방해가 됩니다. 어떤 것을 보더라도 패턴화된 뻔한 생각밖에 할 수 없기 때문이지요. 가방은 넣는 것이고, 의자는 앉는 것이니 그 이외에는 대상에 대해 새로운 생각을 하기 어려운 것입니다.

☑ 어린아이의 눈으로 세상을 볼 수 있다면

아직 걸음마도 떼지 못한 어린아이를 떠올려 봅시다. 그 아이의 눈에는 이 세상 모든 것이 새로울 것입니다. 집안에 있는 작은 물건부터 큰 가구까지 모두 처음 보는 것이니 모양도 낯설고 어디에 쓰는지 짐작할 수도 없습니다. 그래서 호기심 어린 눈으로 쳐다보고 만져보고 결국 입에도 넣어보지요.

이번에는 낯선 나라로 여행을 가는 상상을 해 봅시다. 공항에 도착했을 때부터 우리는 긴장의 끈을 놓지 못합니다. 택시를 타거나 버스를 탈 때도 요금은 어떻게 내는지, 내릴 때는 어떻게 해야 하는지 계속 생각하면서 이동하지요. 식당에 가서도 메뉴를 고르고 식사를 마칠 때까지 우리는 마음 한편에 계속 긴장감을 갖고 있습니다. 낯선 곳에 가면 평소 패턴화되었던 우리의 행동과 생각이 그곳에 맞게 달라져야 하기에 모든 것을 의식적으로 생각하면서 행동하게 됩니다.

우리가 내 안에서 새로운 아이디어를 발견하기 위해서는 마치 어린아이의 눈처럼, 낯선 곳에 도착한 여행자의 눈처럼 세상을 바라보고 생각해야 합니다. 그 무엇하나 **당연한 것**이 없고 마치 그것을 처음 본 사람처럼 새로운 눈으로 세상과 사물을 바라볼 수 있어야 합니다.

예전에 광고계 선배가 저에게 이런 이야기를 한 적이 있습니다. "만약 네가 자동차 광고를 만든다면 딱 하나만 잊어버리면 돼. 바로 '자동차'를 잊어야 해." 처음엔 그 이야기를 듣고도 무슨 뜻인지 이해를 못했지만 시간이 흐른 뒤에 그 선배의 말을 이해할 수 있었습니다. 자동차에 대한 새로운 아이디어를 내려면 내 머릿속에 저장된 자동차의 **고정관념**, 뻔한 생각을 버려야 한다는 것이지요. 앞서 말한 것처럼 자동차에 대한 패턴화된 생각을 버리고 마치 자동차를 처음 본 사람처럼 생각해야 새롭고 좋은 아이디어를 떠올릴 수 있다는 것입니다.

카피라이터가 되고 이런 것들을 깨달은 후부터는 늘 세상을 **낯설게** 바라보려고 노력했습니다. 업무 때는 물론 평소 일상생활도 늘 하던 대로 흘러가지 않도록 하려 했지요. 하지만 이미 패턴화된 우리의 생활 습관을 모두 바꾸기란 절대 쉽지 않은 일입니다.

예전에 그것을 느끼게 해 준 실제 경험이 있었지요. 카피라이터 초년생 시절 아이디어 회의 준비를 하기 위해 퇴근 후 집 근처 카페에 갔던 적이 있었습니다. 저는 출입문에 가까운 테이블에 앉아있었는데, 그때가 겨울이라 매장 내 온도 유지를 위해 출입문 중 하나를 닫아서 고정해 놓고 한쪽 문만 사용하도록 해놨었지요. 고정한 문에는 큼지막한 글씨로 **고정문**이라고 써 붙인 종이도 있었습니다.

그 상태로 한두 시간 정도 카페에 있는 동안 흥미로운 광경을 목격했습니다. 출입문을 사용하는 사람 대부분이 고정문이라고 쓰여있는 문을 먼저 열려고 하다가 잠긴 것을 알고 나서야 옆문으로 나가는 것을 보게 되었지요. 누구나 볼 수 있을 만한 큰 글씨로 고정문이라고 써 붙여놨지만, 대부분의 사람은 그 문구를 보지 않았고 원래 패턴화된 습관대로 행동하려고 했던 것입니다.

어쩌면 우리는 일상생활 대부분을 사실상 눈을 감고 살아가고 있는 것인지도 모릅니다. 그 당시 저는 평범한 일상도 조금 더 자세히 보고 낯설게 바라봐야 한다고 생각하면서 지낼 때라 그 카페에서의 장면이 더욱 인상 깊게 남았습니다.

그러고 나서 얼마 후에 저도 할 일을 마치고 카페를 나서게 되었지요. 잠시 딴생각을 하면서 출입문 쪽을 향해 걸어갔는데, 아까 그 출입문 앞에서 저 역시 고정문을 무의식적으로 밀었습니다. 순간 허탈한 웃음을 지으며 다른 쪽 문을 열고 카페를 나왔지요. 일상생활에서 눈을 뜨고 살아간다는 것이, 패턴화된 행동과 생각을 바꾼다는 것이 얼마나 힘든 것인지 깨닫는 순간이었습니다. 새로운 아이디어를 내는 것이 직업이었던 저에게도 일상 속에서 패턴화된 생각을 지우는 게 이처럼 어려운 일이었습니다.

하물며 본업이 카피라이터가 아닌 사람이 늘 세상을 낯설게 본다는 것은 더더욱 쉽지 않은 일입니다. **어린아이의 눈**과 **여행자의 눈**으로 세상을 바라보는 방법 말고 조금 더 쉽고 간단하게 패턴화된 생각을 잠시 내려놓고 아이디어를 끄집어낼 방법은 없을까요?

아는 것과 경험한 것을 구별하라

✏️ 단단하게 굳어버린 고정관념에서 벗어나는 방법

앞서 말한 가방을 다시 한번 가져와 이야기해 볼까요? 가방은 물건을 넣는 것이라고 우리 머릿속에 각인된 생각 때문에 가방에 대해 새로운 생각을 하기 어렵다고 말했습니다. 하지만 우리에게 가방에 대한 다른 생각이나 기억이 전혀 없을까요? 어떤 사람은 항상 물건을 잔뜩 담고 다녀서 '가방은 무겁다'고 기억할 수도 있고, 패션에 관심이 많은 사람은 '가방은 패션 액세서리다'라고 생각할 수도 있고, 가방 메기를 싫어하는 사람은 '가방은 귀찮은 물건이다'라고 생각할 수도 있을 겁니다. 여러분은 가방에 대한 어떤 경험과 기억이 있나요?

저는 가방이 안부 인사로 느껴질 때가 많습니다. 집에 들어가면 가방을 걸어두는 곳이 먼저 보이는데 거기에 가족의 가방이 걸려있다면 무사히 귀가했다는 걸 의미하기 때문이지요. 마치 현관문 앞에 놓인 신발을 보면서 집에 가족이 들어왔다는 걸 알게 되는 것처럼 말이지요. 이렇게 곰곰이 생각해 보면 우리 머릿속에는 어떤 대상의 **패턴화된 생각**(고정관념)과 **나만의 생각**(경험)이 모두 저장되어 있다는 걸 알 수 있습니다.

우리 머릿속에 뒤섞여 저장된 생각 중에 패턴화된 생각을 걸러내고 나만의 생각을 끄집어낼 수 있다면 내 안에서 좋은 아이디어를 찾는 것은 어려운 일이 아닙니다. 군이 세상 모든 것을 처음 본 것처럼 낯선 눈으로 보는 게 아니라, 내 머릿속에 저장된 여러 생각 중에 개인적이고 **내밀한 경험**만 끄집어낼 수 있으면 됩니다. 그것들은 필연적으로 고정관념화된 생각이 아닐 것이고, 장면과 그림으로 떠올릴 수 있는 생각일 것입니다. 그런 경험과 생각은 다른 사람의 귀에도 잘 들리는 좋은 카피로 만들 수 있는 귀한 재료가 됩니다.

내 머릿속에서 그것들을 끄집어낼 수 있는 방법으로 **아이디어 워딩법**을 소개하려고 합니다. 실제 카피라이팅을 할 때 쓸 수 있는 방법이라서 저 역시 카피를 쓸 때 제일 먼저 하는 활용하는 방법이기도 합니다.

☑️ 저는 카피를 쓰기 전에 꼭 아이디어 워딩을 합니다

이제 소개할 **아이디어 워딩법**은 제가 카피라이팅을 배울 때 선생님을 통해 처음 접했던 아이디어 발상법입니다. 이 발상법은 내 머릿속 깊은 곳에 잠들어 있는 경험과 기억을 떠올리는 데 효과가 있습니다. 방법은 사실 간단합니다. A4용지를 1장 준비하고 지금 쓰려고 하는 카피의 대상을 종이 한가운데에 적습니다. 그리고 그것과 관련된 내 **경험**을 단어로 이어 가보는 겁니다. 카피를 쓸 대상을 중심으로 마치 **마인드맵**mind map을 그리듯이 나의 경험을 단어로 나열하고 연결하는 것이지요. 이때 제일 중요한 것은 내 머릿속에 있는 생각과 기억 중에서 알고 있는 것은 제외하고 경험한 것을 써야 한다는 것입니다.

가령 커피를 주제로 아이디어 워딩을 하는데 '스타벅스', '커피 향', '카페', '아침'과 같은 워딩이 나왔다면 이건 **알고 있는 것**을 나열한 것이고 카피를 쓰기에 좋은 재료가 아닙니다. 나의 경험이 아니라 커피와 관련된 피상적인 생각과 고정관념만 나열한 것이기 때문입니다.

반대로 **경험한 것**을 쓰게 되면 그 워딩만 봐서는 커피와 어떤 연결고리가 있는지 알기 어렵습니다. 나만의 개인적이고 내밀한 경험이기 때문이지요. 하지만 그렇게 깊숙한 곳에서 올라온 기억과 경험이 우리의 패턴화된 생각을 깨뜨릴 수 있고, 결국 좋은 카피를 쓰는 데 밑거름이 될 수 있습니다. 강의 시간에 수강생분들이 커피로 아이디어 워딩 실습을 했던 것 중에 인상적이었던 것은 '꽃다발', '화장실', '플레이리스트' 등이 있었습니다. 자신이 직접 겪은 커피와 관련된 경험이었지요.

좋아하는 사람이 유독 커피를 좋아해서 카페 데이트를 할 때 꽃다발을 주었던 경험, 커피를 마시면 항상 화장실 신호가 왔던 경험, 마치 카페에서 나오는 음악처럼 업무 시간대별로 음악 플레이리스트를 따로 만들어서 들었던 경험까지 생생하고 다양한 경험을 끄집어낸 기억이 있습니다. 이런 경험들을 많이 끄집어낼수록 카피 주제에 대한 우리의 생각을 환기시킬 수 있고, 패턴화된 생각을 조금 누그러뜨릴 수 있습니다.

그리고 경험을 나열할 때는 꼭 **단어**로만 쓰는 것도 매우 중요합니다. 사실 실제 경험을 한 단어로 표현하기엔 조금 어려운 부분이 있습니다. 문장으로 쓴다고 하더라도 몇 줄을 써야 할 수도 있을 테니까요.

하지만 우리는 소설이 아닌 카피의 아이디어를 쓰는 것이기에 그 경험을 한 단어로 함축시키거나, 그게 어렵다면 몇 개의 단어로 쪼개서 써야 합니다. 그리고 관념어나 한자어 대신 눈에 보이는 단어로 쓰는 것이 훨씬 효과적입니다. 나의 내밀한 경험들을 눈에 보이는 단어로 많이 끄집어냈다면 카피를 쓸 좋은 재료들을 잔뜩 준비한 것과 같습니다.

📝 아이디어 워딩의 5가지 수칙

이렇게 **아이디어 워딩법**을 설명으로만 들으면 어렵게 느껴질 수도 있지만 제가 직접 작성한 사례를 함께 보면 이해가 더욱 쉬울 겁니다. 그러고 나서 직접 고민하는 실습도 진행해 보겠습니다. 아이디어 워딩법 역시 수학 공식이 아니기에 모든 상황에서 동일하게 적용되는 규칙은 없습니다. 다만 항상 염두에 두고 지향해야 할 방향성은 있습니다. 이것들을 수칙으로 지키면서 아이디어 워딩을 한다면 훨씬 더 좋은 키워드를 끄집어낼 수 있을 겁니다.

❶ 알고 있는 것 말고 경험한 것을 써야 한다.
❷ 관념어, 한자어보다 눈에 보이는 단어가 효과적이다.
❸ 단어 하나하나의 질보다는 전체 단어의 양이 중요하다.
❹ 논리에 맞지 않거나 스토리가 이어지지 않아도 상관없다.
❺ 글을 쓰듯이 신중히 쓰지 말고, 속도감 있게 쓰는 게 효과적이다.

☑ '이사'로 아이디어 워딩하기

먼저 이사라는 주제로 아이디어 워딩을 하는 실제 예시를 보여 드리려 합니다. 이것 역시 종이 한가운데에 이사를 써 두고, 그와 관련된 내 경험을 단어로 나열하면 됩니다.

아래 예시는 이해를 돕기 위해 꼭 필요한 워딩만 정리한 것이고, 실제 업무에서 이 방법을 쓸 때는 이보다 훨씬 더 많은 워딩을 쓰는 게 좋습니다. 주제어(이사)에서 자유롭게 워딩을 이어가다가 더 이상 이어가기 어렵다고 생각이 들면, 다시 주제어(이사)로 돌아가서 새롭게 워딩을 시작해 봅니다.

예시로 작성한 워딩들을 한 세트로 본다면 적어도 이러한 흐름의 워딩을 다섯 세트 이상은 하는 것이 좋은 아이디어를 뽑아내기에 좋습니다. 그리고 글을 쓰는 게 아니기 때문에 각 단어의 시간 순서와 논리 흐름에 얽매이지 않고 자유롭게 작성해도 괜찮습니다.

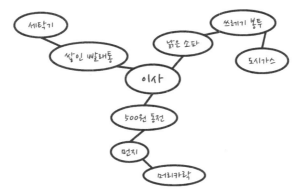

이사를 주제로 한 아이디어 워딩 예시

- **쌓인 빨래통, 세탁기:** 이사를 하면 꼭 이삿날 전후로 빨랫감이 쌓였던 게 생각나서 쓴 워딩입니다. 이삿짐을 싸고 정리하느라 시간도 부족하고, 세탁기도 이사를 위해 잠시 해체를 하기 때문에 세탁할 여유가 없었던 경험이 생각났습니다.

- **500원 동전, 먼지, 머리카락:** 이사 때문에 덩치가 큰 가구를 옮기다 보면 그 밑에 쌓여 있는 먼지나 머리카락이 많지요. 어렸을 때는 이삿짐을 옮기면서 가구 밑에서 500원 동전을 발견하고 기뻐했던 기억도 있습니다.

- **낡은 소파:** 이사를 할 때는 떠나는 집보다는 새로 들어가는 집을 더 많이 생각하게 되지요. 그런데 유독 떠나는 집이 더 생각나고 그동안 살면서 있었던 일들이 영상처럼 기억나던 때가 있었는데 그때가 바로 이삿짐 정리를 하면서 낡은 소파를 버릴 때였습니다. 소파에서 지낸 시간이 많다 보니 다른 짐을 정리할 때는 못 느꼈던 아련한 감정들을 많이 느꼈던 것 같습니다.

- **쓰레기 봉투, 도시가스:** 이제는 더 이상 필요가 없어진 종량제 쓰레기 봉투를 다음에 이사 올 사람이 쓰도록 두고 가는 경우가 많지요. 저 역시 두고 가거나 누군가 두고 간 것을 쓴 경험이 있습니다. 도시가스 역시 이사를 갈 때 가장 마지막으로 검침원이 방문해서 가스를 끊고 정산을 하지요. 이사 들어가는 집도 검침원이 가장 먼저 방문해서 가스를 열어 주시고 세대 등록을 해 주십니다. 쓰레기 봉투와 도시가스는 이사를 나가고 들어올 때 하는 조용한 인사처럼 느껴질 때가 많았습니다.

이처럼 직접 아이디어 워딩을 하면 이사라는 주제로도 막연하게 생각만 할 때보다는 많은 경험을 끄집어낼 수 있다는 걸 느낄 수 있습니다. 여기에 나온 워딩으로 곧바로 카피를 쓸 수도 있겠지만, 설령 카피로 이어지지 않는다고 하더라도 이사에 대한 고정관념과 패턴화된 생각을 어느 정도 누그러뜨릴 수 있기에 새로운 발상을 하는 데 도움이 됩니다. 그래서 저는 모든 카피를 쓸 때 아이디어 워딩부터 먼저 한번 해놓고 카피를 쓰기 시작합니다. 마치 수영 전에 몸풀기 체조를 하듯 카피를 쓰기 전에 생각 워밍업을 하는 것이지요.

🖉 '비타민'으로 아이디어 워딩하기

이번 예시 주제는 '천연원료로 만든 비타민'입니다. 비타민 제품은 기존에 점유율이 높은 제품이 꾸준히 판매되는 시장이지만, 새로운 제품 콘셉트로 신제품도 자주 나오는 시장이기도 합니다. 후발 주자들은 대부분 자신만의 특장점을 내세우는데요. 예전에 천연원료 비타민이라는 콘셉트로 출시된 제품이 있었습니다. 이것을 주제로 아이디어 워딩과 카피라이팅까지 이어지는 예시를 보여 드리려 합니다. 아이디어 워딩은 이전 예시와 동일하게 진행하였고, 거기서 나온 워딩을 활용하여 곧바로 카피까지 완성되는 과정입니다.

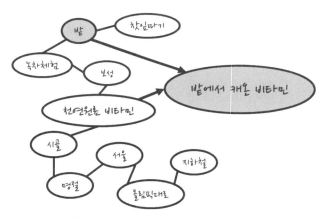

천연원료 비타민을 주제로 한 아이디어 워딩 예시

- **시골, 명절:** 천연이라는 단어를 봤을 때 제일 먼저 떠오른 건 시골이었습니다. 하지만 저는 모든 친척이 서울에 살고 있어서 어렸을 때부터 시골에 가 본 기억이 없습니다. 그러면서 자연스럽게 명절이라는 워딩까지 이어지게 되었습니다. 이 부분에서 시골은 제가 직접 경험한 것은 아니었지만 '시골에 가지 않는 명절'을 워딩으로 연결하기 위해 쓴 단어라고 생각하면 됩니다.

- **서울, 올림픽대로, 지하철:** 그래서 명절은 항상 서울에서 보냈습니다. 자동차로 친척 집에 가게 되면 올림픽대로를 자주 탔었기에 생각이 났고 지하철로 이동할

때도 있었습니다. 명절날 지하철을 타면 승객이 거의 없어서 텅텅 비어있던 것도 함께 생각났습니다.

- **보성, 녹차 체험**: 비행기를 타지 않고 가장 멀리까지 가본 건 보성이었습니다. 한동안 녹차에 빠져 있던 때가 있었는데 보성에 가면 녹차 만들기 체험을 할 수 있다고 해서 고속버스를 타고 보성까지 갔던 적이 있었지요. 그 체험 동안 드넓은 녹차 밭에서 찻잎을 따본 것이 제가 직접 자연을 경험해 본 몇 안 되는 기억 중의 하나였습니다.

- **밭, 찻잎 따기**: 밭에서 찻잎을 따면서 그곳에 계신 분들께 여러 설명을 들었던 게 생각났습니다. 찻잎을 따는 시기에 따라 부르는 이름도 다르고 맛과 향도 달라진다는 이야기였지요. 직접 체험을 하기 전까지는 자세히 몰랐던 녹차의 종류도 더 자세히 알게 되었던 기억이 있습니다.

저는 **천연원료**라는 다소 광범위한 주제로 아이디어 워딩을 해 보니 매우 다양한 갈래로 경험이 생각났습니다. 시골에서 명절로, 명절에서 서울로, 그러다 갑자기 보성까지 가게 되지요. 그리고 그곳에서 있었던 녹차 체험까지 꼬리에 꼬리를 물고 이어집니다. 이렇게 다양한 경험을 끄집어냈다면 일단 카피를 쓰기 위한 기본 준비를 해 놓은 것입니다.

그리고 이번 예시에서는 그 워딩들을 가지고 카피까지 곧바로 완성할 수 있었습니다. 바로 '밭에서 캐온 비타민'이라는 카피입니다. 찻잎을 밭에서 따던 모습을 천연원료 비타민이라는 광고 메시지에 곧바로 대입시켜서 나온 카피였습니다. 아이디어 워딩이 항상 카피로 직접 연결되는 것은 아니지만, 워딩이 풍부하게 나왔다면 거기에 있는 단어로 카피를 완성하는 일도 종종 생깁니다. 밭이라는 키워드가 나올 수 있었던 건 아이디어 워딩을 통해 녹차 밭 경험을 떠올렸기 때문입니다. 만약 아이디어 워딩 없이 그냥 카피를 생각했다면 밭이라는 키워드는 나오기 어려웠을 겁니다.

📝 '정말 맛있다'로 아이디어 워딩하기

이번엔 조금 응용한 방법도 소개합니다. 단어 말고 **문장**을 주제로 삼고 아이디어 워딩을 할 수도 있습니다. 가령 업무상 써야 하는 카피가 '정말 맛있다'라는 메시지를 담아야 한다면 그 메시지 자체를 주제로 두고 아이디어 워딩을 할 수 있습니다. 방법은 이전 예시와 동일합니다. 지금까지 내가 가장 맛있다고 느꼈던 경험을 단어로 나열해 보는 겁니다. 꼭 직접 경험이 아니더라도 책이나 영상에서 봤던 장면에 감정을 이입하여 작성해 보는 것도 가능합니다.

제가 진행한 강의의 실습을 함께 살펴보면 내가 무언가를 정말 맛있게 먹었던 경험을 끄집어냈고 그걸 구체적으로 썼다는 걸 알 수 있습니다. 이것 역시 이 자체로 카피에 활용할 수도 있고, 또는 '정말 맛있다'라는 단순한 메시지를 다른 측면에서 볼 수 있도록 우리의 생각을 환기시킬 수도 있습니다.

'정말 맛있다'를 주제로 아이디어 워딩을 한 수강생 실습 예시

위의 실습 예시를 보면서 머릿속에 어떤 장면이나 영상이 함께 떠오른 분들이 많을 겁니다. 나에게도 그와 비슷한 경험이 있거나, 또는 경험이 없더라도 감정적으로 공감이 되었기 때문이지요.

우리가 영화나 드라마를 보면서 울고 웃을 수 있는 이유도 이와 비슷합니다. 나에게 실제로 일어난 일은 아니지만, 그와 비슷한 경험이 있었거나 감정적으로 공감되기 때문에 스토리에 몰입할 수 있지요. 경험이 함유된 카피가 효과적인 이유도 바로 여기에 있습니다. 경험으로 쓴 카피는 마치 영화나 드라마처럼 누구에게든 쉽게 이해되고 공감도 불러일으킬 수 있기 때문입니다.

✎ 깊은 곳에서 꺼낸 경험일수록 더욱 강력하다

강의에서 **경험으로 카피 쓰기**를 알려 드리고 실습을 하다 보면 막상 경험을 쓸 때 고민을 하는 분들이 많습니다. '이건 너무 개인적이고 나밖에 모르는 경험이라 사람들은 알아듣지 못할 거야' 하면서 결국 피상적인 경험만 나열하는 경우가 있습니다. 하지만 앞서 말한 대로 모든 사람에게는 **공감 능력**이 있습니다. 살면서 한 번도 겪어보지 못한 일이라도 구체적이고 쉽게 풀어서 이야기한다면 대부분의 사람은 그것을 알아듣고 감정 이입을 할 수 있습니다. 그래서 카피를 쓰기 위한 경험을 끄집어낼 때는 아주 개인적이고 사소했던 에피소드를 찾아도 괜찮습니다. 그것을 구체적으로 설명할 수 있다면 오히려 사람들은 더 많이 주목하고 흥미를 느낄 것입니다.

실제로 미디어에 집행되었던 광고 중에 우리가 한 번쯤 겪었을 경험을 바탕으로 만든 광고가 있었는데요, 종합 비타민 영양제 '아로라민 골드'의 광고입니다. 단순하게 제품의 특성만 나열한 광고가 아니라 사람들의 공감을 불러일으킬 수 있는 에피소드와 제품 특성을 절묘하게 연결한 것이 인상적이었습니다.

(버스에서 졸고 있는 직장인) 전 원래 봄만 되면 졸려요.

(내레이션) 봄이라서 졸린 게 아니라 피로한 거예요.

– 아로나민 골드 광고 카피 중에서

버스나 지하철에서 깜빡 졸아 본 경험은 누구에게나 있을 겁니다. 보통은 전날 잠을 설쳤거나 식곤증, 춘곤증 때문일 때가 많지요. 그런 이유라면 하루 이틀 푹 쉬면 다시 회복됩니다. 하지만 광고 내레이션 카피처럼 계속된 피로 누적으로 몸 컨디션이 떨어진 거라면 하루 이틀 쉬는 것으로 해결될 것이 아니라 영양 보충과 생활 습관 개선이 필요할 겁니다. **누구나 한 번쯤 경험했을 만한 에피소드와 제품 특성을 연결하니 광고 메시지가 더욱 견고해지는 것을 알 수 있습니다.** 그리고 만약 이런 경험이 없는 사람이라고 할지라도 충분히 이해가 되고 자신의 상황에 대입시켜서 생각해 볼 여지가 많습니다. 이미 그것만으로도 광고의 역할은 충분히 다했다고 볼 수 있습니다.

이처럼 **경험으로 카피 쓰기**는 적절한 경험 에피소드를 잘 끄집어내고, 그것을 광고 제품과 잘 연결시킬 수만 있다면 매우 강력한 카피를 쓸 수 있는 방법입니다. 하지만 앞서 배웠던 **그림으로 카피 쓰기**에 비해 아이디어가 실제 카피로 연결되는 과정이 조금 더 길고 복잡한 부분도 있습니다. 그래서 카피를 처음 쓰시는 분들에게는 다소 어렵게 느껴질 수도 있지요.

그래서 경험으로 카피 쓰기를 실제 업무에 활용할 때는 이 기법으로 카피를 곧바로 완성하려고 하지 말고, 일단 카피를 쓰기 전에 몸풀기처럼 카피 주제에 대한 고정관념, 패턴화된 생각만 깨뜨린다는 목적으로 사용하는 게 더 좋습니다.

그러다 마침 좋은 워딩이 나오면 카피까지 바로 연결시키면 되고요. 좋은 카피를 쓰는 데에는 딱 한 가지 방법만 정해져 있지는 않습니다. 기존에 굳어 있는 생각을 깨뜨릴 수 있고, 새로운 아이디어를 도출할 방법이 있다면 그게 몇 가지이든 모두 시도해 보는 것이 좋은 카피를 쓰는 방법입니다.

그래서 **경험으로 카피 쓰기**와 **그림으로 카피 쓰기** 중에 골라서 쓰기보다 항상 모두 사용해 보는 것이 더욱 효과적입니다. 그렇게 하여 우리가 쓴 카피가 사람들의 머릿속 영상을 플레이시킬 수 있다면 우리의 목표는 성공한 것입니다. 아이디어 워딩법을 사용하여 아래 주제에 대한 내 경험을 끄집어내 보는 실습을 하겠습니다. 앞서 보여 드린 예시와 수칙을 염두에 두면서 직접 실습해 보기 바랍니다.

🖊 PRACTICE 글 → 그림 바꿔보기

Q 아래 세 가지 제품을 주제로 하여 아이디어 워딩을 해 보세요.

1. 프라이팬

2. 베개

3. 즉석밥

Q 아래 세 가지 메시지를 주제로 하여 아이디어 워딩을 직접 해 보고, 그것을 바탕으로 카피를 작성해 봅시다.
예시) 정말 맛있다 → 남이 차려준 밥이 제일 맛있다
1. 시간이 빨리 지나간다.

2. 몸이 정말 편하다.

3. 사용법이 매우 쉽다.

✓ POINT DAY 5 핵심 요약

☑ 경험은 가장 생생한 그림이자, 효과적인 카피라이팅 재료이다.
☑ 카피를 쓰기 전에 아이디어 워딩법으로 모든 경험을 끄집어내자.
☑ 경험을 찾을 때는 실제 경험한 것과 알고 있는 것을 구분하자.

DAY
6

카피의 볼륨을
높여줄
마이크 활용법

LESSON 01
아이디어에 마이크를 갖다 대면 카피가 됩니다

✎ 아이디어만으론 카피가 되지 않는다

카피라이팅 과정을 단순하게 나눠보면 카피 아이디어를 찾는 과정과 그 아이디어를 실제 카피로 쓰는 과정이 있습니다. 앞서 배운 **그림으로 카피 쓰기**와 **경험으로 카피 쓰기**가 **아이디어 찾기**에 좀 더 초점을 맞췄다면, 이번에 배울 내용은 아이디어를 **실제 카피로 쓰는 요령**에 초점을 맞춘 내용입니다. 여러 번 설명한 대로 카피라이팅은 보통의 글쓰기와 다릅니다. 글쓴이의 감상을 솔직하게 풀어놓는 글도 아니고, 뉴스 기사나 설명문처럼 정보를 정리한 글도 아니지요.

카피는 특정한 목적을 갖고 전략적으로 작성한 짧은 문장입니다. 그 목적은 대개 소비자에게 어떤 내용을 알리거나 어떤 느낌을 전달하려고 할 때가 많습니다. 소비자가 특정 브랜드, 제품, 서비스 등에 관심을 갖도록 하고 더 나아가 구매하거나 호감도를 올리게끔 하는 게 최종 목적입니다. 카피는 짧은 문장이지만, 그 안에 담고 있는 목적은 그 어떤 글보다 많다고도 볼 수 있습니다.

짧은 문장에 여러 목적을 함축적으로 담아야 하기에 카피를 작성할 때는 가장 효과적인 단어를 잘 선택해야 하고, 그것들을 효율적으로 배치해야 합니다. 이번 장에서 배우려는 **마이크 활용법**은 그것을 도와주는 방법으로써 마이크라는 개념을 이용하여 더욱 전략적인 카피를 쓸 수 있도록 해 줍니다.

✏️ 카피를 쓰기 전, 마이크 체크부터 합시다

국어 시간에 1인칭 시점 소설, 3인칭 시점 소설을 배운 적이 있을 겁니다. 소설 속 화자가 어떤 시점으로 이야기를 끌어가는지 분류하는 기준이지요. 실제 소설을 읽어보면 1인칭 시점으로 썼는지, 3인칭 시점으로 썼는지에 따라 이야기의 전개방식이나 감상이 매우 다릅니다. 제가 소개하려는 **마이크 활용법**도 소설의 시점과 비슷합니다. 바로 카피를 누구의 시점으로 쓸지 정하는 것입니다. 그것을 좀 더 직관적으로 누군가에게 마이크를 갖다 대서 카피를 썼다고 표현한 것이지요.

소설의 시점에 1인칭과 3인칭이 있다면 마이크 활용법의 시점은 제품과 소비자가 있습니다. **제품의 시점**에서 쓴 카피는 마치 사람이 자기소개하듯 제품이 직접 알리고 싶은 내용을 말한 카피를 뜻합니다. 그렇게 쓴 카피는 당연히 제품의 특장점이 주된 내용이 되겠지요. 반대로 **소비자의 시점**에서 쓴 카피는 그 제품(서비스)을 본 소비자가 마치 인터뷰를 하듯이 자기 생각을 말한 카피를 말합니다. 그 카피에는 제품 자체에 관한 이야기보다는 소비자들의 니즈나 평소 생각들이 주된 내용이 될 겁니다.

시점	제품	소비자
광고 분위기	제품이 자기소개를 하는 느낌	제품을 경험한 소비자가 인터뷰하는 느낌
주된 내용	제품의 특장점	소비자의 니즈나 평소 생각들

실제 카피를 쓸 때 **마이크 활용법**을 활용하는 방법은 간단합니다. 카피를 쓰기 전에 여러분이 마치 소설을 쓰려는 작가처럼 '이 카피의 화자를 누구로 할까?'를 생각해 보고 결정하면 됩니다. 제품에 마이크를 갖다 댈 것인지, 소비자에게 마이크를 갖다 댈 것인지 결정하는 것이지요. 그것을 결정하는 것은 당연히 카피를 쓰는 여러분의 몫입니다. 이것 역시 정해진 답은 없습니다. 어떤 대상에 마이크를 갖다 대더라도 카피를 쓰는 사람에게 그 이유와 논리가 있다면 모두 정답이 될 수 있습니다.

다만 너무 많은 자유도는 오히려 막막함을 줄 수 있기에 어떤 상황에서 누구에게 마이크를 갖다 대야 하는지 기본 가이드도 함께 설명하려고 합니다. 그것을 통해 **마이크 활용법**의 기본기를 익히고, 나중엔 좀 더 응용하여 실제 업무에도 적용할 수 있을 겁니다.

이 기법을 활용했을 때 여러분이 얻을 수 있는 효과는 크게 세 가지입니다. 첫 번째로 카피라는 것은 앞서 말한 대로 특정한 목적을 갖고 쓰는 문장인데, 이 기법을 활용하면 우리가 쓰는 문장이 목적지를 잊어버리고 '배가 산으로 가는 것'을 막을 수 있도록 도와줍니다. 처음부터 화자를 정하고 그 대상이 직접 말하는 것처럼 카피를 쓰기 때문에, 엉뚱한 이야기를 피할 수 있지요.

두 번째 효과는 구어체로 카피를 쓸 수 있도록 도와준다는 것입니다. 왜 구어체로 쓴 카피가 더 효과적인지는 뒤에서 다시 설명해 드리도록 하겠습니다. 그리고 마지막 세 번째 효과는 마치 **시간 제한**을 두듯이 카피를 쓸 때 꼭 필요한 말만 하는 것을 도와준다는 것입니다.

> **Note** **마이크 활용법이 필수는 아니다**
>
> 사실 마이크 활용법은 우리가 카피를 작성할 때 반드시 활용해야 하는 방법은 아닙니다. 하지만 이 기법이 활용된 카피는 확실히 더 날카로워지고 전달력도 좋아집니다. 그렇기 때문에 앞서 배운 카피라이팅 기법들이 조금 익숙해졌다면 마이크 활용법을 꼭 함께 활용하길 권장해 드립니다.

02 마이크를 누구에게 줄지 고민한다

☑️ 마이크를 주기 전에 관여도를 확인합시다

자, 이제 본격적으로 마이크를 잡아보도록 합시다. 우리가 마이크를 갖다 댈 수 있는 대상은 크게 두 가지라고 했지요. 바로 **제품**과 **소비자**입니다. 여기서 잠깐 용어에 대해 짚고 넘어가자면, 편의상 제품이라고 말했지만 우리가 쓰는 카피의 대상이 되는 서비스, 브랜드까지도 모두 포함됩니다.

또한 소비자 역시 우리 제품을 구매한 소비자만 말하는 것이 아니라 잠재적 소비자, 일반 대중까지 모두 포함된 개념입니다. 좀 더 빠르고 쉽게 설명하기 위해 제품과 소비자만 언급하지만 그 용어에 포함된 다른 개념도 꼭 기억하시기 바랍니다.

다시 설명으로 돌아와서, 만약 우리가 제품에 마이크를 갖다 대면 **제품의 고유한 특성**Unique Selling Proposition, USP을 중심으로 카피를 쓴다는 걸 뜻합니다. 제품이 직접 자기소개를 할 수 있도록 마이크를 갖다 대는 것이지요. 반대로 소비자에게 마이크를 갖다 대면 그 제품을 필요로 하는 소비자의 생각과 마음을 중심으로 카피를 쓰는 겁니다.

마치 소비자 인터뷰를 진행하듯 그들의 속마음을 말할 수 있도록 마이크를 갖다 대는 것입니다. 그럼 언제 제품에 마이크를 갖다 대고, 언제 소비자에게 마이크를 갖다 대야 할까요? 일반적으로 그 기준이 되는 것은 **관여도**입니다. 마케팅 수업을 들어본 적이 있으신 분은 관여도라는 말을 한 번쯤 들어 보셨을 겁니다.

설령 처음 듣는 말이라고 하더라도 우리가 늘 일상에서 마주하는 것이기에 크게 어려울 건 없습니다. 관여도의 사전적 의미는 소비자들이 제품이나 서비스를 구매할 때 정보를 탐색하는 과정에서 얼마만큼 시간과 노력을 기울였는지를 말합니다.

그 정도에 따라 **고관여 제품**과 **저관여 제품**으로 나눌 수 있는데, 무언가를 구매할 때 시간과 노력을 많이 들여서 적극적으로 정보를 찾는다면 고관여 제품이고, 그보다 시간과 노력을 적게 들여서 최소한의 정보만으로 구매를 결정하는 것을 저관여 제품이라고 합니다. 고관여 제품의 대표적인 예시는 부동산, 자동차, 고가의 전자제품 등 값이 비싸고 구매를 하기 전에 많은 정보 탐색을 하는 것들입니다. 반대로 저관여 제품은 라면, 음료, 세제, 휴지 등 비교적 값이 저렴하고 자주 사는 것들이기에 구매 전에 큰 고민을 하지 않고 사는 제품들입니다.

종류	고관여 제품	저관여 제품
구매 방식	많은 시간과 노력을 들여서 적극적으로 정보를 찾고 구매 결정	비교적 적은 시간과 노력만 들여서 최소한의 정보만으로 구매 결정
제품 예시	부동산, 자동차, 고가의 전자제품	라면, 음료, 세제, 휴지

하지만 실제로는 두 기준 사이 중간 어디쯤 위치해서 고관여 제품, 저관여 제품 중에 어디에 넣어야 할지 애매모호한 제품과 서비스도 많습니다. 그리고 소비자 개인 성향에 따라 고관여 제품을 저관여 제품처럼 별 고민 없이 구매하는 경우도 있고, 저관여 제품을 고관여 제품 고르듯 신중하게 구매하는 경우도 있습니다.

결국 관여도 개념은 수학 공식처럼 절대적인 기준이 아니고, 마케팅 상황과 소비자 성향에 따라 바뀔 수 있다는 걸 기억해야 합니다. 그래서 마이크 활용법을 위해 관여도를 체크할 때는 내가 카피를 쓰려는 제품만 보고 고관여, 저관여를 나누지 말고 전체적인 마케팅 상황과 소비자들의 경향을 함께 고려하여 판단하는 것이 좋습니다.

예를 들어, 세탁 세제는 일반적으로 저관여 제품으로 보는 것이 맞습니다. 세탁 세제를 구매할 때 사전에 자세히 정보 탐색을 하기보다는 늘 쓰던 제품을 재구매하거나 구매할 당시에 비슷한 제품 중에서 브랜드, 가격을 비교하여 큰 고민 없이 구매하기 때문이지요. 하지만 민감한 피부를 가진 소비자나 어린아이를 키우는 소비자는 세탁 세제를 구매할 때도 많은 시간을 들여서 제품의 성분까지 꼼꼼하게 비교하여 구매합니다. 그 소비자에게 세탁 세제는 고관여 제품이 되는 것이지요.

☑ 관여도는 상황에 따라 달라지기도 한다

실제 광고에서도 이처럼 고관여 혹은 저관여 제품에 대해 서로 다른 방식으로 광고 전략을 짠 경우가 있습니다. 커피 '카누'는 대표적인 인스턴트 원두 스틱 커피입니다. 지금은 원두 스틱 커피가 대중화되어서 제품 종류가 매우 많아졌지만, 카누 출시 이전까지 스틱 커피는 흔히 설탕과 프림이 들어간 믹스 커피 제품을 말하는 것이었습니다.

그런 시장 상황에서 카누는 달지 않은 아메리카노 스타일의 스틱 커피를 출시하게 되었지요. 원래 카누라는 제품은 관여도 기준으로 본다면 저관여 제품에 속합니다. 그렇기에 정석적인 마케팅 전략은 앞서 말한 대로 제품보다는 소비자의 목소리를 담는 것이 맞을 겁니다.

하지만 실제 카누가 출시되었을 때 마케팅 전략은 철저히 제품 중심으로 진행되었습니다. 그렇게 한 이유는 여러 가지를 추측할 수 있지만, 당시 인스턴트 원두 스틱 커피라는 제품이 생소한 시기였기에 제품 자체를 알리고 **포지셔닝**하는 게 중요했던 것으로 예상됩니다. 출시 당시 광고를 보면 '책상 위의 카페'라는 콘셉트를 중심으로 광고가 만들어졌고, 그때 광고에 함께 쓰였던 슬로건인 '세상에서 가장 작은 카페'는 지금도 계속 쓰이고 있습니다.

모든 광고 메시지가 소비자들에게 이 제품이 어떤 제품이고, 무슨 특징을 가졌는지 알릴 수 있도록 만들어졌고, 출시 이후 높은 판매량과 인지도를 보여주며 그 전략이 틀리지 않았음을 증명하였습니다.

이처럼 카누 제품의 출시 초기 마케팅 사례를 살펴보면, 제품 자체는 저관여 제품이지만 당시 믹스 커피가 시장 점유율 대부분을 차지하고 있던 상황에서 인스턴트 원두 스틱 커피라는 생소한 제품이 출시되는 점을 고려하여 마치 고관여 제품을 마케팅하듯 제품 중심으로 광고/마케팅을 진행한 것을 알 수 있습니다.

반대로 고관여 제품임에도 저관여 제품처럼 광고 전략을 짠 예시는 KCC건설의 '스위첸' 아파트를 들어볼 수 있습니다. 아파트는 고관여 제품 중에 가장 대표적인 예시로 언급될 때가 많습니다. 높은 가격과 시세에 따라 가치가 변동된다는 특수성 때문에 구매하기 전 정보 탐색에 매우 많은 시간을 쓰게 되지요. 그렇기 때문에 대부분의 아파트 광고는 제품 자체를 중심으로 이야기하게 됩니다.

하지만 스위첸의 광고에서는 정반대 전략을 선택합니다. '문명의 충돌'이라는 콘셉트로 이제 막 아파트에 살림을 차린 신혼 부부의 솔직한 일상을 광고에 담았습니다. 서로 성격이 다른 두 남녀가 만나 새로운 가족을 만들어간다는 이야기를 리얼하고 재밌는 에피소드로 풀어냈지요.

아파트 자체에 대한 언급은 나오지 않은 채, 철저히 소비자 이야기로만 광고를 끌어갑니다. 사실 아파트와 같은 고관여 제품의 광고에서 제품에 대한 이야기가 없다는 건 큰 모험이 될 수 있었습니다. 하지만 그 반대 전략이 소비자들의 시선을 끄는 데 더욱 효과를 발휘했고, 결과는 매우 좋았습니다.

[KCC건설 스위첸] 2020 TVCF 문명의 충돌

KCC SWITZEN ✓ 구독 ✕   👍 2.4만 👎 ➡ 공유 ⋯
구독자 1.29만명

이후에 스위첸 광고는 소비자들이 직접 찾아서 보는 상황이 연출될 정도로 주목을 많이 받은 광고가 되었습니다. 당연히 브랜드의 인지도, 호감도도 상승했고 광고상을 수상하기도 했습니다. 이런 예시들을 보면 단순히 제품 자체만을 보고 관여도를 판단하지 말고, 시장의 상황과 우리 제품의 상대적 위치 그리고 소비자 성향까지도 모두 고려하여 관여도를 판단하는 것이 필요합니다. **만약 관여도를 판단하기 너무 어렵다면 마이크를 제품, 소비자 모두에게 갖다 대서 카피를 각각 써 보는 것도 좋은 방법입니다.** 완성된 카피를 보면 무엇이 더욱 효과적인지 판단이 설 수 있기 때문이지요. 어떤 것이 좋을까 고민할 시간에 더 많은 아이디어를 내고, 더 많은 카피를 써보는 게 오히려 더 큰 도움이 된다는 것을 잊지 맙시다.

마이크 활용법의 첫 번째 실습입니다. 이미 완성된 카피를 보고 거꾸로 분석을 해 보는 게, 직접 카피를 써보는 것만큼이나 큰 도움이 됩니다. 다음 페이지에서 제시한 사례를 직접 찾아보고 생각해 보세요. 먼저 제품에 마이크를 갖다 댄 카피를 찾아볼까요?

🖊 **PRACTICE** 마이크 활용법 실습 ①

Q 마이크를 '제품'에 갖다 댄 카피를 3개 찾아보세요. 그리고 만약 이 카피를 '소비자'에게 마이크를 갖다 대면 내용이 어떻게 바뀌었을지 작성해 봅니다.

1)

2)

3)

잘 찾아보셨나요? 아마 짧은 시간에 실제 카피를 보면서 마이크를 누구에게 주었는지 판단하기는 아직 쉽지 않을 수도 있습니다. 이번에는 소비자에게 마이크를 갖다 댄 카피를 찾아봅시다.

Q 마이크를 '소비자'에 갖다댄 카피를 3개 찾아보세요. 그리고 만약에 '제품'에 마이크를 갖다 대면 카피 내용이 어떻게 바뀔지 작성해 봅니다.

1)

2)

3)

말하듯이 카피를 써 봅시다

✍ 왜 말하듯이 쓴 카피가 더 효과적일까?

마이크 활용법으로 얻을 수 있는 두 번째 효과는 말하듯이 카피를 쓸 수 있다는 것입니다. 우리가 쓴 카피는 대부분 **글**이라는 형식으로 소비자들에게 전달됩니다. 인쇄 매체는 물론이거니와 배너 광고, SNS에 작성한 카피, 유튜브의 썸네일까지 매체만 달라질 뿐 거의 글로 카피를 쓰게 되지요.

간혹 광고 모델이나 전문 성우분들의 목소리를 통해 소비자에게 카피를 전달할 때도 있지만, 이 역시 최초의 형태는 대본처럼 글이라는 형식입니다. 우리는 생각보다 **형식**에 많은 영향을 받습니다. 내가 써야 하는 카피의 형식이 글이라면 우리는 무의식적으로 글로만 생각하게 됩니다. 즉, 카피를 **문어체**로 쓰게 된다는 말이지요.

문어체의 사전적 의미는 일상적인 대화에서 쓰는 말투가 아닌, 글에서 주로 쓰는 **문체**입니다. 우리가 메신저 채팅으로 대화를 나눌 때와 보고서 같은 업무 문서를 작성할 때를 비교하여 생각해 봅시다. 둘 다 똑같이 글을 쓰지만, 단어나 표현에 많은 차이가 있습니다.

문어체로 쓴 업무 문서는 정확한 정보를 전달하기엔 좋지만, 메신저 채팅과 같은 구어체에 비해 읽고 이해하는 시간이 좀 더 걸린다는 약점이 있습니다. 결국, 짧은 시간에 짧은 문장으로 사람들의 관심을 끌어야 하는 카피에서는 문어체보다 구어체가 더욱 유리하겠지요.

하지만 실제 우리는 아이디어 발상과 카피 작성을 **말**로 작업하지 않습니다. 카피라이팅의 거의 모든 과정은 글과 문서를 통해 진행됩니다. 결국, 카피를 쓸 때 우리는 자신도 모르게 문어체와 가까워지고, 구어체와 멀어질 때가 많습니다.

그때 마이크 활용법을 활용하면 구어체로 말하듯이 카피를 쓰기 쉬워집니다. 실제 마이크는 아니지만, 머릿속에서 가상 인터뷰를 하듯이 마이크를 제품 또는 소비자에게 갖다 대고 **그들의 목소리**를 카피로 옮기는 것이지요. 실제로 해 보면 그냥 '카피를 구어체로 써야지'라고 생각하고 쓰는 것보다, 인터뷰처럼 쓰는 것이 더욱 자연스럽고 부드럽게 써진다는 것을 알 수 있습니다.

문장이 카피가 되는 순간

구어체로 카피를 쓰는 가장 좋은 방법도 실제로 입으로 읽으면서 카피를 쓰는 것입니다. 목소리의 크기는 관계가 없습니다. 나만 들을 수 있는 목소리도 충분합니다. 눈으로만 보면서 쓸 때와 실제로 소리 내어 읽으면서 쓸 때를 비교해 보면 생각보다 가독성이나 뉘앙스 차이가 크다는 걸 느낄 수 있습니다. 소리 내어 읽었을 때 부드럽게 잘 읽히는 카피가 사람들이 실제 눈으로 읽었을 때도 더욱 가독성이 높아집니다.

제가 이 방법의 효과를 실감하게 된 건 라디오 광고 카피를 쓸 때였습니다. 전문 성우가 읽어야 할 카피를 써야 했기에 모든 카피를 계속 소리 내어 읽으면서 썼지요. 사무실에서 다른 사람들에게 방해되지 않으려 나만 들리는 목소리로 읽거나 아예 빈 회의실에 들어가 작업했던 기억이 납니다. 그런데 내가 쓴 카피를 여러 번 읽다 보니 아주 작은 차이로 뉘앙스나 전달력이 달라진다는 걸 느꼈습니다.

꽤 오랜 시간을 들여서 카피를 수정했지만 결과적으로는 조사 한두 개 또는 몇 글자 정도만 바꿨습니다. 그런데 카피의 전달력은 훨씬 나아졌지요. 그 이후부터 모든 카피 작업의 마지막엔 소리 내어 읽으면서 최종 수정을 했을 정도로 **소리 내어 카피 쓰기**의 중요성을 크게 느꼈습니다.

조금만 시선을 돌려서 살펴보면 책 제목이나 각종 TV프로그램 제목, 드라마와 영화 제목에서도 **구어체**로 쓰인 것들을 많이 발견할 수 있습니다. 유튜브부터 OTT에 이르기까지 콘텐츠 홍수 속에 살고 있는 요즘엔 제목 자체로 홍보해야 하는 경우가 많기 때문입니다. 제목이 곧 카피인 셈이지요. 구어체로 쓴 제목은 확실히 가독성이 올라가고 쉽게 관심을 끌 수 있습니다. 사람들이 스마트폰에서 손가락으로 휙휙 스크롤을 내리는 짧은 시간 동안, 분리해 생각한 제목과 카피를 모두 보여줄 여유는 없습니다. 제목 자체가 카피가 될 수 있다면 더욱 효율적으로 사람들의 관심을 끌 수 있겠지요.

마이크 활용법의 세 번째 실습입니다. 이번에도 역시나 이미 완성된 카피를 보고 거꾸로 분석을 하겠습니다. 직접 카피를 써 보는 것만큼 큰 도움이 됩니다. 아래에서 제시한 사례를 직접 찾으면서 고민해 보세요.

✎ PRACTICE 마이크 활용법 실습 ③

Q 카피를 구어체로 쓴 사례를 3개 찾아봅시다. 그리고 구어체가 아니었다면 어떤 느낌이었을지 생각해 봅시다. 광고 카피뿐만 아니라 책 제목, 영화 제목, 드라마 제목에서 사례를 찾는 것도 가능합니다.

LESSON 04

마이크를 적당한 타이밍에 내려놓을 줄도 알아야 한다

✍️ 카피가 길어질수록 관심은 짧아진다

아무리 재밌는 이야기도 너무 길어지면 지루해지는 법입니다. 카피도 마찬가지입니다. 잘 들리는 카피를 쓰기 위해 마이크를 들었다 해도 적절한 순간에는 마이크를 내려놓을 줄도 알아야 합니다. 마이크 활용법의 세 번째 효과는 바로 짧게 말하는 것을 도와준다는 것입니다. 마치 TV 토론회에서 시간 제한 발언을 하고, 채용 면접에서 1분 자기소개를 하듯이 카피를 쓸 때는 스스로 분량 제한을 두는 게 필요합니다.

물론 처음부터 카피를 편지 쓰듯이 길게 쓰려는 사람은 없을 겁니다. 애초에 우리가 쓴 카피가 올라가게 될 매체도 글자 수 제한이 있거나 할당된 지면과 화면 크기가 한정되어 있지요. 카피를 길게 쓰고 싶어도 그럴 만한 상황이 되지 못합니다. **하지만 우리에게 주어진 분량보다 더 짧은 건 '사람들이 우리 카피에 집중하는 시간'입니다.** 그렇기 때문에 단순히 카피를 짧게 쓰는 것만 중요하진 않습니다. 꼭 해야 할 말은 남기고, 불필요한 말은 걷어내서 임팩트 있는 카피를 쓰는 게 중요하지요. 이것 역시 말은 쉽지만, 실제로 하기엔 만만치 않다는 것을 대부분 아실 겁니다.

152

벌써 막막함을 느끼는 분도 계시겠지요. 모든 상황에 적용되는 완벽한 공식을 만들긴 어렵겠지만, 그래도 실제 카피를 쓸 때 써 볼 수 있는 방법들을 설명해 보려고 합니다.

✏️ 생각을 쓰면 길어지고 단어를 쓰면 짧아진다

일단 우리가 **마이크**를 들고 있다는 사실을 다시 한번 상기합시다. 카피를 쓸 때는 친구와 대화하듯 하고 싶은 말을 계속할 수 있는 게 아니라, 우리가 말할 수 있는 시간은 정해져 있다는 걸 생각하는 겁니다. 그러고 나서 일단 카피를 작성해 봅시다. 이건 계속 수정을 해서 더 다듬어 갈 것이기에 최초 카피는 분량이나 단어에 너무 많은 스트레스를 받지 않도록 합니다.

그다음 카피를 짧게 줄이기 위해서 제일 먼저 해야 할 것은 **수식어**를 걷어내는 것입니다. 나도 모르게 문장을 꾸미기 위해 썼던 말들을 빼는 것이지요. 이 부분은 지난 **Day 2**(41쪽)에서 설명했던 **라이팅 수칙**을 다시 참고하여 고쳐 보도록 합시다.

그렇게 수식어를 걷어내고 나면 무언가 부족한 느낌이 들 수도 있습니다. 이 카피로 사람들의 관심도 끌고, 내가 말하고 싶은 걸 제대로 설명해야 하는데 수식어가 빠지니 무언가 허전하다고 느낄 수 있습니다. 하지만 이건 카피를 단어의 조합으로 쓰지 않고 생각을 나열한 문장으로 썼기 때문입니다.

실제로 단어들을 조합하여 쓴 카피는 애초에 수식어가 들어갈 자리가 많지 않습니다. 이미 사용된 단어 자체가 수식어의 역할까지 모두 했기 때문이지요. 이런 설명이 조금 어렵게 느껴질 수 있는데 쉽게 이해할 수 있는 사례를 소개합니다. 제가 실제로 겪었던 일이었고, 아직도 카피를 쓸 때 종종 떠올리는 사례입니다.

초겨울로 접어들던 어느 저녁에 길거리에 옷을 팔고 있는 노상 가판을 본 적이 있었습니다. 사실 요즘엔 길거리에서 옷을 파는 것도 흔히 볼 수 없는 광경인데, 사장님처럼 보이는 분도 딱히 지나가는 사람들에게 관심이 없는 것처럼 핸드폰만 보고 있던 장면도 좀 특이했습니다.

보통 옷을 진열하여 팔면 옷걸이 위에 가격을 써서 붙여두게 되지요. 그 가판대에도 가격이 적힌 종이가 옷 위에 붙어 있었는데, 그 가격표에 무언가가 함께 적혀 있어서 눈길이 갔습니다. 좀 더 가까이 가서 읽어보니 겨울 점퍼로 보이는 옷 위에 이런 글이 가격과 함께 쓰여 있었습니다. 바로 '보일러 잠바'였습니다. 그 말을 본 순간 '아, 정말로 잘 쓴 카피다'라는 생각이 절로 들었습니다. '이 점퍼는 정말 따뜻해서 겨울에 입기 좋습니다' 라는 이야기를 딱 두 단어로 너무나 간결하고 효과적으로 말한 카피였지요.

다른 옷들도 그런 식의 **카피**가 함께 적혀 있었던 걸로 기억합니다. 그 사장님을 보며 옷을 팔기보다 카피 쓰는 일을 하는 게 낫지 않을까라고 생각했을 정도로 저에게는 신선한 충격으로 다가온 일이었습니다. 지금까지도 저는 카피를 쓰다가 막히면 이 에피소드를 떠올리면서 다시금 방향을 잡곤 합니다.

다시 설명으로 돌아와서 앞서 말한 **단어의 조합**으로 쓴 카피가 '보일러 잠바'이고, **생각을 나열한 문장**으로 쓴 카피는 '정말 따뜻해서 추운 날씨에 입기 좋은 점퍼'가 됩니다. 두 카피는 짧고, 길다는 차이점도 있지만 수식어의 유무 차이도 있습니다. 보일러라는 단어가 이미 '추운 날씨에도 정말 따뜻하다'라는 의미를 모두 내포하고 있기에 수식어 없이 한 단어로 카피를 쓸 수 있었던 겁니다.

결국, 카피를 짧게 쓴다는 것은 단순하게 문장을 줄이는 것을 말하는 것이 아니라, 그 문장에서 말하고 싶은 내용을 대체할 수 있는 효과적인 단어를 찾는 과정입니다. 그리고 그 효과적인 단어는 주로 **눈에 보이는 단어**일 때가 많다는 것도 잊지 말도록 합시다. 이것 역시 꾸준한 연습과 감이 필요한 스킬이지만, 일단 방법을 알았다면 절반 정도는 성공한 것과 마찬가지입니다.

📝 PRACTICE 마이크 활용법 실습 ④

Q 아래 제시한 문장들을 앞서 설명한 사례인 '보일러 잠바'처럼 효과적인 단어로 바꿔서 줄여 보세요.

1) 장시간 앉아있어도 허리가 편한 의자

2) 매트리스가 편해서 잠이 잘 오는 침대

3) 물에 섞인 불순물을 걸러주는 샤워기 필터

4) 밤에 작동해도 소음이 적은 세탁기

5) 물걸레 청소까지 모두 다 하는 로봇 청소기

6) 필수 비타민을 한 알에 모두 담은 영양제

7) 세척, 손질, 썰기까지 전부 되어 있는 모듬 채소

✏️ POINT DAY 6 핵심 요약

☑ 카피라이팅이 익숙해졌다면 마이크를 활용하여 더 날카롭게 써 보자.
☑ 마이크를 제품과 소비자 중 누구에게 줄지 관여도를 체크하자.
☑ 마이크에 말하듯이 카피를 쓰되, 단어의 조합으로 간결하게 말하자.

DAY

7

내일 바로
써먹는
카피라이팅 기법

실무에 바로 쓰는
카피 잽 전략

✅ 정신없고 바빠도 카피는 욕심나는 직장인들에게

카피라이팅처럼 아이디어를 기반으로 일들의 가장 어려운 점은 업무에 투자한 시간과 성과가 비례하지 않는다는 것입니다. 하루 종일 붙잡고 있어도 카피 한 줄이 안 나오는 때가 있는가 하면, 10분 만에 떠오른 한 문장이 헤드라인 카피가 되기도 하지요.

아이디어를 내는 업무의 힘든 점이자 매력이기도 합니다. 하지만 실제로 우리의 업무 상황은 주어진 시간이 짧을 때가 더 많습니다. 실제로 광고대행사에서는 갑자기 들어온 수정 건으로 30분 뒤에 급 회의가 잡히거나, 내일모레 올라갈 카피 업무의 브리핑을 오늘 받는 일들이 종종 일어납니다.

광고대행사가 아니더라도 매일매일 SNS에 콘텐츠를 올려야 하거나, 매주 카드뉴스를 제작하고, 정기적으로 배너 광고와 영상 콘텐츠를 만드는 곳도 많습니다. 모두 짧은 주기로 계속 새로운 기획을 하고 아이디어를 내야 하는 업무이지요.

이런 업무들은 큰 프로젝트를 하듯이 오랜 시간 아이데이션^{Ideation}을 하고 공을 들일 여유가 없습니다. 또한, 주기적으로 콘텐츠가 교체되기에 한번 작성한 카피나 아이디어의 생명이 짧고 휘발성이 짙습니다. 그리고 무엇보다 온라인을 기반으로 하는 매체가 많기에 **시의성**이 중요할 때가 많습니다.

그렇게 정신없고 바쁜 업무 사이클이 반복되다 보면 점점 크리에이티브에 대한 욕심도 떨어지고 아예 의지가 꺾이기도 합니다. 그래서 그런 업무를 위한 카피라이팅은 조금 다르게 접근할 필요가 있습니다.

앞서 배운 카피라이팅 기법들을 권투의 **어퍼컷**^{Uppercut}으로 비유한다면, 이번에 배울 것들은 **잽**^{Jab}이라고 생각하면 될 것 같습니다. 때론 적절한 타이밍에 날린 가벼운 '잽'이 잔뜩 힘주어 날리는 어퍼컷보다 효과적일 때도 있습니다. 마지막으로 실무에 곧바로 활용할 수 있도록 쉽고 간단한 카피 활용법을 몇 가지 소개합니다.

LESSON 02 패러디 카피: 금쪽 같은 내 카피를 살리는 솔루션

✍ 차려진 카피에 숟가락만 얹었습니다

누군가에게 설명할 때 가장 빠르게 이해시키는 방법은 그들에게 익숙한 것으로 설명하는 것입니다. 익숙하다는 건 머릿속에 각인되어 단단하게 자리를 잡고 있다는 걸 뜻하지요. 예를 들어, 익숙해진 개념들을 빵 만들 때 쓰는 '빵틀'이라고 생각해 봅시다. **패러디 카피**는 사람들에게 익숙한 개념(빵틀)에 새로운 이야기(반죽)를 넣어서 잘 들리는 카피(맛있는 빵)를 만드는 것과 같습니다. 그렇게 하면 말하는 사람과 듣는 사람 모두 큰 수고 없이 쉽게 설명하고 알아들을 수 있습니다. 매번 빵을 처음부터 만들 필요없이 빵틀에 반죽을 넣고 찍어내기만 하면 되니까요.

예전에 한 잡지에서 꼭지 기사 제목을 '뱃살과의 전쟁'이라고 쓴 것을 본 적이 있었습니다. 누가 보더라도 영화 〈범죄와의 전쟁〉 제목을 패러디한 꼭지 제목임을 알 수 있었지요. 그 꼭지의 내용도 잦은 야근과 야식으로 뱃살이 늘어나서 그야말로 '뱃살과의 전쟁'을 하고 있는 직장인들에게 일상 속에서 뱃살 빼는 방법을 소개한 내용이었습니다.

사실 내용 자체는 잡지에서 흔하게 볼 수 있는 주제였음에도 패러디한 제목 덕분에 시선을 끌고 호기심도 생겼습니다. 그 제목에 익숙함과 새로움이 모두 들어가 있었기 때문입니다.

패러디 카피는 크게 두 가지 유형으로 쓸 수 있습니다. 첫 번째는 누가 들어도 패러디했다는 걸 알게끔 유명한 제목이나 유행어를 가지고 쓰는 것입니다. 앞서 말한 '뱃살과의 전쟁'과 같은 예시를 생각하면 됩니다. 두 번째는 카피를 쓴 사람만 패러디했다는 걸 알고 있고, 읽는 사람은 모르는 유형이 있습니다.

사람들에게 잘 알려지진 않았지만, 카피 주제와 딱 맞는 제목이나 문장이 있다면 그걸로 카피를 쓰는 것입니다. 패러디를 하고 싶은 원본이 사람들에게 잘 알려지지 않은 만큼 더 참신하고 임팩트가 있는 제목, 문장을 골라야 합니다. 이제 두 유형의 실제 예시를 살펴보겠습니다. 아직 추상적으로 느껴지더라도 다음 페이지에서 이어지는 예시를 읽으면 훨씬 이해하기 쉬울 겁니다.

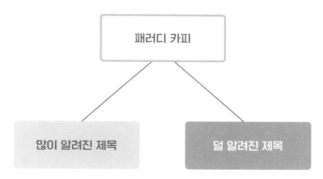

☑ 많이 알려진 제목으로 패러디 카피 쓰기

가발 브랜드 하이모에서 실제로 집행했던 광고 카피로, 박찬욱 감독의 영화 〈헤어질 결심〉을 자사 브랜드와 절묘하게 연결하여 패러디했습니다. 실제 광고안을 보면 카피뿐만 아니라 영화 포스터의 디자인도 비슷하게 패러디해서 카피가 더욱 잘 읽히고 임팩트 있도록 만들었습니다.

영화 〈헤어질 결심〉 포스터　　패러디 카피를 활용한 하이모 광고

✏️ 덜 알려진 제목으로 패러디 카피 쓰기

예전에 제가 법률 잡지에 기고한 꼭지의 제목입니다. 앞선 사례보다 많이 알려지지 않은 일본 영화 중에 〈잠깐만 회사 좀 관두고 올게〉라는 제목을 인상 깊게 본 적 있었는데, 제가 쓴 꼭지의 내용과 절묘하게 맞아서 패러디 카피를 활용하여 제목을 쓰게 되었습니다.

저는 특히 '잠깐만 … 하고 올게' 라는 문장 구조가 눈에 띄어서 패러디를 했는데, 이처럼 덜 알려진 제목으로 패러디를 할 때는 **문장 구조**를 살짝 빌려 와서 패러디한다고 생각하면 활용하기 편합니다.

영화 〈잠깐만 회사 좀 관두고 올게〉 포스터

패러디 카피로 쓴 잡지 꼭지 기사 제목

☑ '할인 행사'를 주제로 패러디 카피 연습하기

패러디 카피는 **짧은 시간**에 카피나 제목을 써야 하는 업무 상황 때 큰 힘을 발휘합니다. 금방 쓸 수 있지만, 그 효과는 들인 시간에 비해 매우 크지요. 실제 쓰는 방법도 간단합니다. 내가 말해야 할 내용과 잘 어울릴 만한 영화 제목, 드라마 제목, 책 제목, 유행어, 가사 등을 찾는 게 시작이자 끝입니다.

간단한 예시 상황을 만들어서 실제로 작성해 볼까요? 많은 마케터와 기획자들이 자주 접하게 되는 **할인 행사**를 주제로 정하면 좋을 것 같습니다. 내가 담당하는 브랜드의 할인 행사를 SNS 채널에 올려서 홍보해야 한다고 가정해 봅시다. 그 콘텐츠의 제목이 될 헤드라인 카피를 쓰는 게 우선이겠지요. 사실 SNS 채널은 자주 업로드 하는 매체이기에 매번 카피를 쓸 때마다 오랜 시간을 투자하기 어렵습니다. 이럴 때 패러디 카피를 이용해 보는 겁니다.

일단 제일 먼저 해야 할 건 우리가 카피에서 하고 싶은 이야기, 즉 **광고 메시지**를 하나의 **키워드**로 바꿔야 합니다. 빵틀에 들어갈 반죽을 만드는 거지요. 우리가 해야 할 이야기는 우리 브랜드가 할인 행사를 한다는 것이니 키워드는 일단 '할인'이 적당해 보입니다. 자, 이제 반죽이 준비됐으니 맛있는 빵을 만들 수 있는 빵틀을 찾아봅시다. 할인이라는 키워드와 어울릴만한 유명한 제목, 유행어, 노래들을 찾아보는 겁니다.

실제로 패러디 카피를 쓸 때는 그 당시 트렌드이거나 주목받는 제목, 유행어로 작업하는 것이 효과적이지만 만약 내가 써야 할 카피 내용과 절묘하게 잘 맞는 제목이 있다면 예전 것도 무관합니다.

당연히 시의성과 절묘함이 둘 다 있다면 더할 나위 없이 좋은 패러디 카피가 되겠지요. 패러디를 할 원본 제목이나 유행어를 찾기 위해선 **웹 검색**의 도움을 받는 것이 좋습니다.

포털사이트에서 역대 영화 순위나 현재 영화 순위를 찾아볼 수도 있고, OTT 플랫폼에 들어가서 영화, 드라마, 예능 제목들을 살펴볼 수도 있습니다. 또는 음원 사이트, 인터넷 서점에서 인기가 많은 노래와 책 제목을 살펴보거나 이제 갓 나온 신곡과 신간도 도움이 될 수 있습니다. 아래는 앞서 설명한 〈패러디 카피〉의 두 가지 유형으로 작성된 카피입니다.

1. 많이 알려진 제목으로 패러디 카피 쓰기

꼬리에 꼬리를 무는 할인

많이 알려져 누구나 떠올리기 쉬운 제목으로는 SBS에서 방송하는 〈꼬리에 꼬리를 무는 그날이야기〉이라는 예능 프로그램이 있습니다. 많은 인기를 끌었던 프로그램이기에 사람들은 '꼬리에 꼬리를 …' 이 부분만 보고도 익숙함 때문에 일단 눈길을 주게 됩니다. 그래서 그 뒤에 붙는 '할인'은 큰 노력 없이도 함께 읽히게 되는 것이지요.

예능 프로그램 〈꼬리에 꼬리를 무는 그날 이야기〉

2. 덜 알려진 제목으로 패러디 카피 쓰기

나는 할인할 때 가장 용감한 얼굴이 된다.

언젠가 서점에서 우연히 《나는 도망칠 때 가장 용감한 얼굴이 된다》(클레이하우스, 2021)라는 제목의 도서를 발견했는데, 제목의 임팩트가 꽤 커서 따로 스크랩을 해 두었던 카피였습니다. 마침 '할인'이라는 단어를 넣었을 때도 뜻이 통하고, 임팩트도 그대로 유지되어 혹시나 사람들이 잘 모르는 제목이라고 하더라도 꽤 효과적인 패러디 제목이 되었습니다.

책 《나는 도망칠 때 가장 용감한 얼굴이 된다》

📝 패러디 원본을 찾는 요령

패러디 카피가 실제 업무에서 도움이 되는 이유는 빠르게 쓸 수 있는데 카피의 퀄리티도 좋기 때문입니다. 원본 제목의 힘을 빌렸기 때문이지요. 하지만 반대로 말하면 패러디 원본을 찾는 시간이 너무 오래 걸린다면 패러디 카피의 장점을 잃게 되는 것입니다.

따라서 패러디 원본을 찾을 때 유명한 제목이나 유행어를 찾는다고 생각하지 말고, 내가 쓸 카피에 활용할 **문장의 일부분**만 찾는다고 생각하고 검색을 하는 것도 좋은 방법입니다.

예를 들어, 영화 제목인 〈범죄와의 전쟁〉에서 '~와의 ~' 이 부분만 가지고 오는 것이지요. 그 정도만 도움을 받아도 혼자서 카피를 쓰는 것보다 훨씬 속도가 빨라집니다. 그리고 패러디를 하기 위해 여러 제목과 유행어, 카피들을 자주 찾다 보면 좋은 문장을 보는 안목도 함께 길러집니다. 당장은 시간을 아끼기 위해 쓰는 방법이지만 그것이 계속 쌓이면 좋은 카피를 쓸 수 있는 힘이 생기는 거지요. 실제 업무에서 꼭 다양하게 활용해 보시길 바랍니다.

추리소설 카피:
후킹하는 카피 쓰기

✍ 후킹하는 카피들의 공통점

"어떻게 해야 후킹하는 카피를 쓸 수 있을까요?"

지금까지 강의를 하면서 가장 많이 받았던 질문입니다. 아마 저 질문에 대한 답을 찾기 위해 많은 기획자, 마케터분들이 카피라이팅에 관심을 갖게 되었다고 해도 과언은 아닐 겁니다. 아무리 좋은 제품과 서비스를 만들어도 사람들의 시선을 **후킹**Hooking하지 못해서 관심을 받지 못하면 소비자에게 닿지 않고 묻혀버립니다. 그래서 어떻게든 사람들의 관심을 끌 수 있는 방법을 찾으려고 항상 고민합니다. 그래서 여기에서는 후킹을 최우선 목적으로 하는 카피 작성법을 배워보려고 합니다. 최대한 간단하고 실제 업무에서 바로 써먹을 수 있는 방법을 소개하겠습니다.

아마 〈궁금한 이야기 Y〉라는 프로그램을 아실 겁니다. 우리 주변에서 일어난 여러 사건을 스토리 텔링 방식으로 흥미롭게 풀어서 보여주는 프로그램이지요. 카피라이터로서 이 프로그램을 보면 항상 눈에 띄는 것이 각 에피소드 앞부분에 나오는 **제목**입니다. 일단 그 에피소드 제목을 보게 되면 뒷이야기가 너무 궁금해져서 결국 그 에피소드를 전부 보게끔 합니다. 제대로 후킹이 되

는 것이지요. 실제로 방영된 에피소드 제목을 함께 살펴보면서 어떤 특징이
있는지 고민해 봅시다.

중고 마켓 99도 회원의 수상한 거래, 그녀는 왜 남의 집에 물건을 쌓아두나

(629회 방영분)

25년 만에 마주한 절친의 민낯, 그녀는 왜 '친구'를 고발하나?

(612회 방영분)

소설을 도둑질한 남자, 그가 훔치지 않은 것은 무엇인가

(529회 방영분)

이 제목에서 발견되는 공통적인 특징은 **익숙한 것에서 생긴 미스터리**입니다.
유명한 중고 거래 앱에서 생긴 수상한 거래, 25년 만에 만난 절친을 고발한
사건, 다른 것도 아닌 소설을 훔친 사람 이야기까지…. 분명 우리가 현실 속
에서 항상 마주치는 익숙한 것들인데, 이해가 되지 않은 사건과 연결되어 있
지요. 마치 **추리소설**의 전개와 매우 비슷합니다.

추리소설에는 우리가 사는 곳과 크게 다르지 않은 익숙한 배경이 나오고, 거
기에 우연히 있었던 인물들이 등장하고, 결국 그곳에서 미스터리한 사건이
발생하지요. 그리고 나서 작가는 우리에게 끊임없이 "자, 이제 범인은 누구일
까요?"라는 질문을 계속 던집니다. 결국, 우리는 범인을 찾고 확인하기 위해
소설을 끝까지 읽게 되지요. 그렇다면 후킹하는 카피의 비결도 추리소설에서
힌트를 얻을 수 있지 않을까요?

☑ 익숙한 것에 의문을 담는 카피 연습하기

추리소설 카피는 말 그대로 카피를 추리소설처럼 쓰는 겁니다. 카피 문장에 앞에서 말한 '익숙한 것에서 생긴 미스터리'를 담는 것이지요. 이 작법은 특히 **카드뉴스**와 **유튜브 썸네일 카피**에 활용하면 매우 효과적입니다. 이 카피를 보고 나면 뒷이야기를 보고 싶다는 **호기심**이 자극되기 때문이지요. 사실 카드뉴스나 유튜브 썸네일을 만들 때 가장 많이 하는 실수가 하고 싶은 이야기를 모두 **요약**해서 첫 카피나 제목을 쓰려고 하는 것입니다. 그러다 보니 카피나 제목이 재미없어지고, 제일 중요한 내용이 맨 뒤로 가게 되는 경우도 많습니다.

결국 사람들의 시선을 후킹하지 못하게 되고 실망스러운 결과를 가져오게 되지요. 추리소설 카피는 마치 **영화 예고편**처럼 전체 줄거리를 요약해서 알려주긴 하지만, 궁금해지는 공백을 의도적으로 배치합니다. 그럼 사람들은 그 공백을 메꾸기 위해 전체 이야기를 모두 보게됩니다.

☑ '공기청정기'로 추리소설 카피 연습하기

추리소설 카피를 쓰는 방법은 심플합니다. 사람들이 익숙하게(또는 당연하게) 생각하는 것 중에서 **모르는 것**(공백)을 먼저 알려주는 겁니다.

실제 제품을 예시로 들어 설명해 보겠습니다. 만약 공기청정기라는 제품을 홍보하기 위한 콘텐츠를 만들어야 한다고 가정해 봅시다. 그래서 이 제품의 특장점을 찾아봤더니 필터 청소가 쉽고 빠르다는 것이 가장 큰 특징이었지요. 물론 소비자들에게 어필할 수 있는 좋은 포인트이지만, 과연 이 이야기를 끝까지 들어줄 사람들이 얼마나 있을까요?

그래서 이때 **추리소설 카피**를 활용해 보는 것입니다. 일단 공기청정기에 대한 사람들의 익숙하고 당연한 생각을 뽑아봅니다. 그리고 거기에서 우리 제품과 관련된 사실 중에 잘 모르는 것들(공백)을 찾아서 짚어 줍니다. 그 과정을 정리하면 아래처럼 될 것입니다.

1) 공기청정기에 대해 사람들이 당연하게 생각하는 것
- 공기청정기를 사용하면 실내 공기가 깨끗해진다.
- 미세먼지 때문에 창문을 열고 환기시키는 게 부담스러워서 공기청정기를 더 사용한다.
- 아이를 키우거나 반려동물과 함께 살고 있다면 공기청정기는 필수품이다.

2) 공기청정기에 대해 실제 소비자가 잘 모르는 것
- 오염된 필터를 관리하지 않고 계속 사용하면 실내 공기가 더 나빠질 수 있다.
- 실내 환기를 안 시키고 공기청정기만 사용하면 효과가 떨어진다.

3) 우리 제품의 특장점
- 필터 청소가 쉽고 빠르다.
- 필터 청소가 어려운 제품은 오염된 필터를 오랫동안 사용하여 문제가 생기기도 한다.

4) 최종적으로 작성한 카피
- "공기청정기가 공기를 더 나쁘게 만들 수 있다?"

5) 카피 뒷부분에 따라올 내용
- 필터 청소를 제대로 하지 않은 공기청정기는 실내 공기를 더 오염시킬 수 있다. 하지만 우리 제품은 필터 청소가 쉽고 빨라서 공기청정기 역할을 제대로 할 수 있다.

예시를 함께 살펴보니 좀 더 쉽게 이해가 되시나요? '공기청정기를 사용하면 공기가 깨끗해진다'라는 **당연한 상식**에 사람들이 놓칠 수 있는 **약간의 공백**(미스터리)을 붙여서 완성한 카피입니다.

내가 알고 있던 상식이 깨지고, 혹시 내가 놓치고 있던 사실이 있을지 모른다는 생각에 뒷이야기를 궁금해 하지 않을까요? 만약 그렇게 느낀다면 이 카피는 자신의 역할을 모두 다한 겁니다. 우리가 재촉하지 않아도 사람들은 우리의 뒷이야기를 들으려 직접 오고, 끝까지 들을 테니까요.

LESSON 04

AI 카피라이팅: 카피를 쓰는 새로운 방식

☑ 인공지능을 활용하여 카피를 쓸 수 있을까?

사람을 대신하여 글과 그림을 생성하는 AI(인공지능)의 등장으로 글과 그림을 활용하는 분야에서 많은 변화가 생기기 시작했습니다. 카피라이팅도 창의적 글쓰기 영역이기에 AI 기술의 영향을 받지 않을 수 없게 되었습니다.

이미 실제 업무에서 AI로 생성한 카피를 활용하시는 분들도 계시고, AI 시대에 카피라이팅은 어떤 모습이 될지 궁금해 하시는 분도 많습니다. 그래서 실제로 AI 플랫폼을 활용하여 카피라이팅을 하는 방법을 소개합니다.

일단, 현재 상용화된 AI 기술은 사람이 쓴 것처럼 '자연스러운 언어'를 생성하는 데 목적이 크기에 카피라이팅처럼 문장을 비틀고, 미묘한 뉘앙스 변화를 주는 창의적 언어 생성에는 다소 한계가 있습니다. 실제로 AI 플랫폼에서 카피를 생성해 보면 카피라이터가 쓴 것 같은 좋은 카피도 종종 눈에 띄지만, 대부분은 **상투적**이고 어디서 본 듯한 카피를 주로 생성하는 걸 알 수 있습니다.

물론 AI 기술의 발전 속도가 워낙 빠르기에 얼마 뒤에는 사람의 언어적 창의성을 뛰어넘는 AI가 개발될 수도 있습니다. 하지만 현재로서는 AI 플랫폼에 완전히 카피를 맡기기 보다는, **카피에 활용할 다양한 단어와 표현을 빠른 시간 내에 찾는다는 목적으로 활용하는 것이 현실적인 방법입니다.** 마치 자판기에서 음료를 뽑듯이 카피를 쓰는 시간과 노력을 획기적으로 줄일 수 있다는 것은 정말로 큰 장점입니다.

☑ AI 카피 플랫폼 뤼튼 알아보기

우리는 **뤼튼**이라는 AI 플랫폼을 활용하여 카피라이팅을 해 보려고 합니다. 뤼튼은 ChatGPT를 무료로 사용할 수 있는 AI 서비스로, 인공지능에 대한 사전 지식이 없더라도 누구나 쉽게 사용할 수 있습니다. AI에게 어떤 것을 하라고 명령을 내리는 문장을 '프롬프트Prompt'라고 하는데, 뤼튼에는 이미 카피라이팅을 위한 프롬프트가 있습니다.

따라서 그것을 곧바로 활용하여 카피를 작성해 보는 것도 좋은 방법입니다. 또는 스스로 프롬프트를 만들어서 활용할 수도 있습니다. 제가 여기서 예시로 말씀드리는 프롬프트를 활용하는 방법도 있습니다. 뤼튼은 **PC와 스마트폰 앱**에서 모두 사용이 가능합니다. 여기서는 PC에서 뤼튼 사이트(https://wrtn.ai/)에 접속하여 사용하는 것을 기준으로 설명하겠습니다.

회원가입을 하고 로그인을 하면 제일 먼저 **채팅창**이 보입니다. 이 채팅창에서 AI와 대화를 하게 되고, 우리가 원하는 것을 대답하도록 하는 것이지요. 채팅창의 바로 아래에는 미리 만들어 놓은 프롬프트가 있습니다.

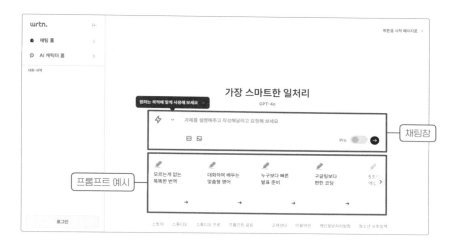

이어서 **채팅 홈**에서 하단의 메뉴를 살펴보면 **[스토어]**, **[스튜디오]**, **[스튜디오 프로]**, **[프롬프트 공유]** 등이 있습니다.

여기서 [**프롬프트 공유**]를 누르면 아래와 같이 다양한 분야에 활용할 수 있도록 미리 만들어 놓은 프롬프트를 볼 수 있습니다.

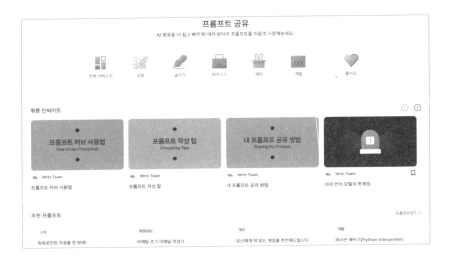

예를 들어 [**비즈니스**] 카테고리를 살펴보겠습니다. 여기에 [**광고 카피라이팅**]이라는 프롬프트가 보입니다.

프롬프트를 클릭하면 뤼튼의 프롬프트 설명과 프롬프트 사용 예시가 표시됩니다. **[프롬프트 복사]**를 클릭하면 그대로 채팅창에 복사하여 사용할 수 있습니다. 물론 대괄호([ ])로 되어 있는 부분은 현재 내가 쓰는 카피 주제에 맞게 수정해야 합니다.

☑️ 직접 프롬프트를 작성하고 카피를 생성하기

뤼튼에서 미리 만들어 놓은 광고 카피라이팅 프롬프트를 쓰는 방법 말고도, 내가 직접 프롬프트를 작성하여 카피를 생성하는 것도 가능합니다.

아래 프롬프트 허브에 있는 **[프롬프트 작성 팁]**을 참고하면 누구나 쉽게 프롬프트를 직접 작성할 수 있습니다.

다만, 프롬프트를 어떻게 작성했느냐에 따라 생성물의 결과가 많이 달라지기 때문에 아직 AI 플랫폼 사용이 익숙지 않다면 프롬프트 허브에 공유된 프롬프트를 사용하는 것을 권합니다. 또는 공유된 프롬프트를 기본으로 하여 내게 필요한 것들을 넣고 빼서 응용하여 사용하는 것도 좋은 방법입니다.

☑ '푹신한 소파'를 홍보하는 AI 카피

아래 예시는 푹신한 소파를 광고하는 카피를 작성하기 위해서 제가 직접 작성한 프롬프트로 AI 카피를 생성해 본 것입니다. **프롬프트는 먼저 '카피에 활용할 단어'를 생성하는 것과 '완성된 카피'를 생성하는 프롬프트로 나눠서 만들어 보았습니다.**

여기서 생성된 단어와 문장을 카피로 그대로 활용해도 되고, 좀 더 자연스럽고 효과적인 카피가 될 수 있도록 약간 수정해서 카피로 쓰는 것도 좋습니다. 만약 이 프롬프트들을 여러분의 업무에 활용하고 싶다면 '푹신하다'와 '푹신한 소파'라고 쓴 카피 주제만 본인 업무에 맞게 바꿔서 채팅창에 작성하면 됩니다.

사례	'푹신하다'를 카피처럼 표현한 단어를 찾도록 하는 프롬프트 예시(GPT-4)
질문	"너는 카피라이터야. 지금부터 광고 카피에 쓸 단어들을 찾아야 해. 너의 임무는 '푹신하다'를 광고 카피처럼 표현할 수 있는 다양한 단어를 찾아야 해. 그 단어는 한자나 어려운 단어는 빼고 머리에 연상이 잘 되는 단어로 말해줘. 최대한 많은 단어를 찾아줘."
AI가 실제로 생성한 단어들	부드럽다, 포근하다, 촉촉하다, 살살하다, 솜사탕처럼, 구름 같다, 쿠션같이, 안락하다, 뭉게뭉게, 보송보송, 패딩같이, 편안하다, 순하다, 뽀송뽀송, 말랑말랑

다음은 카피를 쓰게 하는 프롬프트 예시입니다.

사례	'푹신한 소파(카피 주제)'로 카피를 쓰게 하는 프롬프트 예시(GPT-4)
질문	"너는 카피라이터야. 지금부터 광고 카피를 써야 해. 너의 임무는 '푹신한 소파'를 광고 카피로 써줘야 해. 카피에 쓰인 단어는 한자나 어려운 단어는 빼고 머리에 연상이 잘 되는 단어로 말해줘. 최대한 많은 카피를 써줘."
AI가 실제로 생성한 카피 (일부)	• 집, 당신의 안식처. 그 중심에 포근한 푹신한 소파가 있습니다. • 매일의 피로, 푹신한 소파에서 풀어내세요. 포근함이 당신을 기다립니다. • 푹신한 소파, 집의 따뜻한 포옹. 가족과 함께하는 소중한 시간을 더욱 특별하게. • 구름 위에 앉은 듯, 푹신한 소파와 함께하는 휴식. 따뜻한 힐링의 시작입니다. • 당신의 휴식을 위해 디자인된 푹신한 소파. 집안의 모든 순간이 편안해집니다. • 집의 중심. 푹신한 소파. 하루의 끝에서 만나는 최상의 휴식. • 푹신한 소파, 당신의 일상에 포근한 안식을 선사합니다. 이제 집에서도 구름 위를 걷는 듯한 느낌을. • 일상의 작은 탈출, 푹신한 소파와 함께. 집에서도 럭셔리한 휴가를 즐겨보세요. • 가족 모두의 행복한 휴식처, 푹신한 소파. 함께라서 더욱 따뜻하고 편안합니다. • 매일을 포근한 휴식으로 만들어줄 푹신한 소파. 집이 주는 최고의 선물입니다. • 푹신한 소파에 몸을 맡기세요. 당신의 힐링이 여기에서 시작됩니다. • 하루의 피로, 이제 푹신한 포옹으로 풀어요. 소파에서의 쉼, 시작합니다. • 집이 주는 최고의 선물, 푹신함에 빠져보세요. 우리집 소파, 당신의 휴식처. • 모든 걸 잊게 만드는 푹신한 안식처. 꿈같은 휴식을 경험하세요. • 앉자마자 '아~' 소리 나오는 그 푹신함. 이제 집에서 매일 만나요. • 푹신한 소파, 당신의 하루를 부드럽게 감싸줄 준비 완료. • 집에서의 행복, 푹신한 소파가 시작점입니다. 안락한 휴식을 즐겨보세요. • 푹신한 소파, 집안의 작은 휴양지. 매일의 휴가를 집에서 즐기세요. • 푹신함 속으로 뛰어들 준비됐나요? 집이라는 휴식처, 소파가 완성합니다. • 푹신한 소파, 당신의 이야기를 기다립니다. 오늘 하루도 여기서 마무리해요.

☑ AI 카피를 활용하는 요령

앞서 말한 대로 AI가 생성한 단어나 카피를 그대로 써도 괜찮습니다. 또는 카피 아이데이션 단계에서 내가 쓸 카피의 힌트로 삼는 것도 좋은 방법입니다. 예를 들면, '푹신하다'라는 말을 '솜사탕', '구름'으로 표현한 것에 착안하여 광고의 메인 이미지를 '구름'으로 하고, 카피도 그에 맞게 쓰는 것도 하나의 방법입니다. 또한, AI가 쓴 카피 중에서 '집에서 휴가를 즐긴다', '모든 것을 잊게 만드는 편안함', '앉자마자 아~', '당신의 하루를 부드럽게 감싸주다'와 같은 표현들은 머리에 그림을 연상케 하는 카피이기에 그것을 곧바로 광고 콘셉트로 만들어 볼 수도 있습니다.

때로는 너무 튀는 카피 말고 격식을 차린 **정석적인 언어**로 카피를 써야 할 때도 있습니다. **AI는 자연스러운 언어 생성이 가장 큰 장점이기에 격식을 차린 카피를 쓸 때는 아주 큰 힘을 발휘합니다.** 회사 내에서 보고서, 기획서를 쓸 때 활용하거나 공식적인 매체에 카피를 써야 할 때 활용하는 것도 추천합니다.

덧붙여, 뤼튼의 공식 공지(https://help.wrtn.ai/copyright)에 의하면 사용자가 뤼튼을 통해 생성한 모든 결과물에 대한 저작권은 사용자에게 귀속된다고 설명하고 있습니다. 그렇기에 해당 생성물을 상업적으로 활용하는 것도 가능하고, 그에 따라 발생하는 문제의 책임 역시 사용자에게 있다고 합니다. 이 내용을 함께 참고하여 실제 업무에 활용하시길 바랍니다.

✏️ **POINT DAY 7 핵심 요약**

☑ 패러디 카피 기법은 신속함과 시의성을 모두 잡을 수 있다.

☑ 후킹이 필요하다면 카피를 추리소설처럼 써 보자.

☑ AI 카피는 아이데이션 단계에서 키워드를 찾을 때 사용하면 좋다.

광고기획자로 근무하던 시절, 기획서 콘셉트를 잘 쓰고 싶어서 현직 카피라이터의 책을 읽었습니다. 그 계기로 그분의 강의를 듣게 되었고, 그 강의를 통해 카피라이팅에 매료된 저는 광고기획자에서 카피라이터로 전직을 했습니다.

평소 이성적이고 분석적인 사고방식에, 단지 무언가를 기획하고 만드는 일에 관심이 많아서 광고계에 덜컥 발을 들였던 저는 사실 카피라이터가 되기에는 부족한 점이 많았습니다. 그럼에도 이 책 본문에 인용했던 '방망이 깎던 노인'처럼 저도 오랜 시간 카피를 붙잡고 깎다 보니 이제서야 카피가 무엇인지 조금은 말할 수 있게 된 것 같습니다.

카피라이터가 되고 나서 10년이 넘는 시간 동안 항상 카피만 바라봤던 건 아니었습니다. 광고대행사를 떠나 프리랜서로 독립하고, 그림에 빠져 일러스트레이터를 꿈꾸고, 광고업과는 완전히 무관한 사업을 시작하기도 했습니다.

하지만 그 모든 과정이 카피라이팅을 더 깊이 이해하는 데 정말 큰 도움이 됐다는 것을 자신 있게 말할 수 있습니다. 또한, 카피라이팅을 할 줄 알았기에 그 일들을 해낼 수 있었던 것도 분명한 사실입니다. 여러분이 지금 무슨 일을 하고 있든, 나중에 무슨 일을 하게 되든 '카피라이팅'은 정말로 큰 도움이 될 것입니다.

결국 처음에 읽었던 책 한 권을 계기로 지금에 이르게 된 저처럼, 여러분에게도 이 책이 좋은 계기가 되기를 바랍니다.

혼자서 카피라이팅의 세계에 첫발을 내딛는 마음을 응원합니다. 책을 읽고
카피라이팅 연습도 하면서 오늘은 무엇을 배웠는지 정리해 보세요.

챕터	학습 목표	학습 날짜	완료
DAY 1	글쓰기와 카피라이팅의 차이점을 이해한다.	/	
DAY 2	라이팅 3수칙을 이해한다.	/	
DAY 3	카피를 쓰기 전에 광고 메시지를 정할 수 있다.	/	
DAY 4	비주얼 라이팅을 이해하고 연습한다.	/	
DAY 5	아이디어 워딩법을 이해하고 연습한다.	/	
DAY 6	마이크 활용법을 이해하고 연습한다.	/	
DAY 7	패러디 카피, 추리소설 카피, AI 카피를 이해한다.	/	